老北京的传说

（续篇）

华夏出版社
HUAXIA PUBLISHING HOUSE

目 录

1　前　言

1　白云观
6　与严嵩有关的四条胡同
10　牤牛桥
13　追贼胡同和金甲土地祠
16　灵境胡同
22　丁章胡同
28　教子胡同
36　柯大把
39　蜜香居
42　豫王府的院墙高三尺
45　过街楼
49　神路街
52　羊肉胡同挖宝贝
55　前门外的关帝庙
58　天安门前的华表
62　唤君出和望君归
66　长春宫的仙鹤

69　巧补故宫九龙壁
73　中山公园的龙睛金鱼
76　鸡狮潭——什刹海积水潭
83　北　海
87　仿膳和小窝头
90　养蜂夹道藏皇上
97　万寿宫
99　香妃和望家楼
102　影壁墙的由来
105　天坛天心石
108　畅春园的俯首松
111　"败家石"
114　玉澜堂外"子母石"
118　光绪三题金匾
121　寿龟与铜牛
124　牛尾巴的故事
133　十七孔桥
136　"黑姑娘"
139　苏州街和泉宗庙

142	瓦盆换花园	212	镇岗塔
145	下村的黄影壁	214	圣米石塘
148	关老爷斩虎	217	白草畔
151	关公劈山引水	219	铁锚寺
153	关老爷大战火龙王	222	龙门口村之长虫印
155	八大处的红叶	226	八达岭的得名
157	灵光寺的招仙塔	229	长城和孟姜女
160	情人柏	235	空荡荡的北三楼
164	金马驹	238	和平寺的第十九罗汉
166	进士石	240	万善桥
169	清河的乡村御医	244	龙头险隧
173	香山的"药石"	247	十三陵龙母庄
175	西山晴雪和层峦晴雪	251	定陵的石头宫殿
178	玉泉蝴蝶	254	悼陵监村
182	大觉寺的影壁	257	小汤山的温泉
186	张栓拉塔	260	狄仁杰审虎
189	北京城的人拉车	264	蟒　山
193	潭柘寺	268	九龙口
196	卢沟桥	271	箭穿山
201	卢沟桥的狮子——没数儿	276	云峰山下不老屯
204	卢沟晓月	278	燕落村
207	蝎子城	280	从水师营到火器营

前 言

第一本书《老北京的传说》出版到现在有近五年的时间了，承蒙众多读者喜爱，让我有了继续写作的动力，于是这本续篇开始出现在您的眼前，希望能继续与您分享！

我是土生土长的北京南城人，孩提时代就在四合院中度过，曾经的平房，曾经的香椿树，曾经的胡同，还有曾经的北京城，在我的记忆中都挥之不去，虽然现在很多已经消失了……

记得小学时第一次在广播中听到关于北京城的传说故事，我便被深深地吸引了，后来托长辈找来一本《北京的传说》，虽然已经残缺，但还是看得津津有味，并将它珍藏起来，这便是积累的开始。慢慢的素材多了起来，于是暴发户的心理开始作祟，就当是锦衣夜行吧，总要出来显摆显摆，这便有了第一本书——《老北京的传说》。

我并非文科出身，也不曾就职于写作的行业，出书的消息让周围的亲戚朋友着实诧异了一番。在此我要郑重说明，其实出书和写书是不一样的，就好像奥迪和奥拓都姓奥是一个道理，具体到我从事的行为，当然不能跟学者作家同日而语了，作者这个称呼于我也不是很贴切，我顶多算是整理汇总，因为这两本书中讲述的传说故事皆非我的原创，当然也不是某个人的原创。正确的说法应该是：此书的内容是北京历代劳动人民集体智慧的结晶！很显然我也应该算是劳动人民的一员,这就给了我胆大妄为的机会,结果就真的"结晶"出来了。

第一本书《老北京的传说》主要选材范围是民间所说的四九城,而这本续篇更多地涉及北京的近远郊区,其目的就是希望热爱北京的朋友能更多地了解那些街头巷尾的奇闻趣事,也许里边的某个故事或传说就发生在你的身边,也希望这些传说故事能继续传承下去,传给您的儿子,传给您的孙子,就这样子子孙孙无穷匮也。

写到这里该结尾了,不然会比书中的故事正文还长,而最主要的是写前言没有稿费。最近说话写字流行XX体,就用个"获奖感言体"吧:

首先,感谢北京这个城市,因为它有足够长的历史,才会发生足够多的故事;

其次,感谢历代的北京人,因为是他们口耳相传才能让这些故事继续"活着";

再次,感谢现代热爱北京的人,因为只有你们能让这些故事继续传承,不至于让它消失在钢筋水泥的森林中;

最后,感谢华夏出版社,能让第一个"孩子"顺利出生,才有了这超生的第二胎。

好了,打完,收工!

白云观

道教全真第一丛林——白云观,位于北京西便门外,是道教全真三大祖庭之一。而对于北京的普通老百姓,知道白云观大多是因为猴子,一个道观怎么会有猴子呢?原来是雕刻在白云观内各处的三个石猴,据说如果正月摸全这三个猴子①,一年内就能祛病免灾,你要是头痛就摸头,肚疼摸腹,哪儿疼摸哪儿,可除一切疾病。不过这三只猴子所在的位置很分散,如果不注意,很难一一寻到,所以民间就有了"铁打白云观,三猴不见面"的俗语。如果您想知道那三个

①白云观石猴的第一只和第二只都没变位置。第三只雷祖殿前的猴子,由于石碑有断裂的危险,已用围布遮挡起来了,一般情况下是不容易看到的。

道教全真道派十方大丛林制官观之一。位于北京。始建于唐,名天长观。金世宗时,大加扩建,更名十方大天长观,是当时北方道教的最大丛林,并藏有《大金玄都宝藏》。金末毁于火灾,后又重建为太极殿。今存观宇系清康熙四十五年(1706)重修,有彩绘牌楼、山门、灵官殿、玉皇殿、老律堂、邱祖殿和三清四御殿等。1957年成立的中国道教协会会址就设在白云观。

白云观

丘处机(1148—1227),是道教中全真道掌教人。字通密,号长春子,后赠号长春真人。金代登州栖霞(今山东)人。年十九出家宁海昆仑山(今牟平东面)。随师王重阳一起创立道教全真派。王重阳去世后,他又赴饶州龙门山(今宝鸡市)隐居潜修七年,成为全真龙门派创始人。

石猴的具体位置,那么我就在这个故事讲完之后再告诉您,您也别太着急啊!

先说一个人,《射雕英雄传》中杨康的师傅是谁?丘处机!虽然《射雕英雄传》是虚构的小说,可丘老爷子是确有其人。他真名叫丘左,道号长春,人们都叫他丘长春,这偌大的白云观可就是这位老爷子的,不仅如此,他还是北京金玉两行的祖师爷。

在辽、金时代,白云观还是一座和尚庙,叫做白云寺。那么从什么时候起,白云寺改称为白云观了?故事是这样开始的……

金朝时山东出了个丘处机,他幼年学过琢玉。父亲死后,他就以此为生,并且他为人善良,经常帮助穷苦人。后来,丘处机碰到了一位仙人。仙人很喜欢这个心地善良的后生,就点化他皈依了道教,向他传授仙术。自此,丘处机自号长春真人,四处云游,为平民百姓解除苦难,成了有名的活神仙。

元朝灭金后,皇帝十分崇敬丘长春,就把他请到了大都(即北京),拜为国师。后塞外发生兵变,叛军从口外直打到长城脚下,京畿危急,满朝文武大臣惊慌失措,没有对应的良策。皇帝便派丘长春去平乱。丘长春运用法术,很快就收降了叛军。这样一来,他的名

气就更大了。

此后，皇帝更加信服丘长春，但这却引起了后宫娘娘的不满，原来娘娘是信奉佛教的。每当皇帝在后宫提起丘真人时，娘娘的心里都很不是滋味。

一天，娘娘眉头一皱，想出一条妙计，对皇帝说："皇上，臣妾常听皇上夸赞丘真人，可臣妾得知白云寺王长老的法力也很高强。这一僧一道没有经过比试，皇上就夸赞丘老道，这未免太不公平了。"皇帝问："怎么比试才看得出真本事？"娘娘说："臣妾身怀有孕，眼看就要临盆。皇上为何不把王长老和丘真人一起传召进宫，让他们掐算掐算，臣妾腹中是龙是凤？谁算中了，就算谁的本事大。"

皇帝便宣旨把王长老和丘长春召进宫中，让二人比试法力。王长老对皇帝十分赏识丘长春一事，心里早就愤愤不平了。为了在皇帝面前卖弄自己的法力，他便抢先说："皇上，依小僧掐算，娘娘准为皇上添一公主。"皇上转过脸问丘长春："丘真人，你也替朕算算。"丘长春笑了笑，说道："按贫道掐算，娘娘将为皇上养一龙子。"王长老不服输，说道："皇上，尽管小僧法力有限，可这样的事还不会算错。倘若错了，情愿将小庙白云寺送给丘真人。"丘长春笑着说："王长老，贫道没有道观可送，倘若说得不准，愿将首级割下送你。"

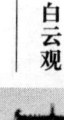

窝风桥，为南北向的单孔石桥。桥下并无水，早因北方风猛雨少，观外原有"甘雨桥"，人们便在观内修了这座"窝风桥"，两座桥象征风调雨顺之意。

白云观

娘娘临产那天，皇帝把丘长春和王长老宣召进宫，二人陪着他在偏殿等候娘娘分娩。到了晚上，后宫来人禀报："恭喜皇上，贺喜皇上，娘娘生了一位公主。"王长老听了太监禀报，面露喜色，得意地向皇帝说："托皇上洪福，小僧没有算错。"皇帝转过脸看着丘长春，十分为难。丘长春不由哈哈大笑，不慌不忙地说："常言道：'耳听为虚，眼见为实。'请皇上命太监将龙子抱出检验，如若贫道所言不实，死无怨言。"皇帝命太监将婴儿抱来，丘长春迎上前去，轻轻将襁褓一揭，说道："皇上请过目！"只听得太监惊叫一声："启禀皇上，丘真人所说不差，娘娘果真添的是龙子。"

原来，丘长春明知娘娘腹中是个公主，为了和王长老斗法，有意说是龙子。事到临头，他又使了个"提凤换龙"的法术，用公主换来个太子。王长老当然知道丘长春施了法术，可自己又破不了，哑巴吃黄连，有苦说不出，只得把一座偌大的白云寺拱手让给了丘长春。丘长春接过白云寺后，稍加修葺，改名为白云观了。

王长老当着皇帝的面栽了一个大跟头，心里又窝火，又懊恼，

第一只猴在山门的石拱右侧，是一个两寸大小的石猴浮雕。

当然不肯罢休。于是,他在白云观西面盖了座西风寺,取"西风吹白云"的意思,和丘长春继续斗法。每天傍晚,王长老都登上法台,手持桃木宝剑,口中念念有词,最后大喊一声:"急急律令敕!"他把剑一挥,只见狂风怒吼,飞沙走石直袭白云观,刮得白云观树倒房歪。丘长春并不在意,他在白云观内修了一座窝风桥。

这一来,西风寺刮来的大风便通过窝风桥化为清风飘走了,白云观毫发无损。王长老的法术失灵,仍不服输,还要继续和丘长春较量,丘长春却主动去西风寺求和,对王长老说:"王长老,其实,佛家和道家并无根本利害冲突,只要你一心拯救世人,贫道情愿将白云观归还。"王长老自知法力不如丘长春,又见他登门赔罪,态度诚恳,就打消了作对的念头,离开西风寺云游四方,普度众生去了。

第二只石猴在山门西侧的八字形影壁须弥座顶端处,整幅图案是一棵大树,树上挂满果实,树下一只梅花鹿,鹿前有一只猴子。

第三只猴在庙后东院雷祖殿前的"九皇会碑记"底座花纹图案中,一棵松树下有只猴子,一手拿桃,一手做眺望状。

第四只石猴是新出来的,窝风桥南有个"重修窝风桥"石碑,它的西侧面下部,是一只手捧大蟠桃的猴子。由于这只石猴和这块石碑是新凿的,因此色泽比较光鲜,很容易辨认。

白云观

与严嵩有关的四条胡同

2009年流行一套书——《明朝那些事儿》，里面写了明朝的几个昏君和他们的奸臣，其中又以嘉靖和严嵩最为人们知晓，严嵩在做臣子的时候恶名满街，不过北京的几个老字号倒是和他有些关系。他的书法很好，所以如果我们现在去六必居和鹤年堂，都会看到他的手书。

下面就讲一个他被赶下台后的故事，这里涉及北京的两条胡同："一溜儿"胡同和银碗胡同……

嘉靖当皇帝的时候，严嵩欺上瞒下，陷害忠良，营私舞弊，无恶不作，老百姓恨透了他，不过他却把嘉靖哄得很好，甚至骗下了一条圣

从地安门到鼓楼，路西边能通什刹海的原来只有三条胡同：两条斜街是靠近地安门的白米斜街和靠近鼓楼的烟袋斜街，它们中间只能容纳一人行走的小胡同就叫"义留胡同"。上个世纪九十年代末，地安门百货商场扩建，义留胡同没有了，成了商场进货的大路。

旨：世界上没有杀严嵩的刀，没有斩严嵩的剑。这下，严嵩以为自己可以高枕无忧了，谁知道好景不长，嘉靖皇帝一命呜呼，新皇帝早就看不惯严嵩的嚣张气焰了，免去他所有的官职，抄了他的家，但由于老皇帝说不能杀严嵩，所以新皇帝就给了他一个银碗，不许典当，只能拿着它去要饭，因为知道大家都恨他，不会有人施舍给他

的。您想想，吃不上饭的人哪会有银碗呢？所以这是有意要饿死他。

严嵩没办法，只好端着这银碗出去要饭，开始总是拉不下脸来，直到后来肚子饿得不行了，才把银碗捧在手里，找人少的地方去要吃的。

一天，他来到地安门外大街的一条小胡同里，肚子饿得直叫，但又张不开口，只得一人无精打采地乱转。忽然，一家院门被打开了，从里边扔出一堆白薯皮，严嵩看到后馋得直流口水，他望望前后没人，便像饿狗似的，抓起几块白薯皮装在碗里。说来也巧，这时一个衙役走了过来，一眼就认出了他，随口喊道："这不是相爷吗？"周围百姓听到衙役的喊声，便都跑出来，有的拿着棍子，有的拿着铁锹，严嵩一看，吓得像耗子一样，"哧溜"一下就跑了。从此人们把这条胡同叫成了"一溜儿"胡同，后来地名雅化，便念成了"义留胡同"或"义溜胡同"。

衣袍胡同明清以来一直沿用，后改称"南衣袍胡同"；官帽胡同在明代的老地图上则叫冠帽胡同。南衣袍胡同的南边约几十米远即是东西走向的官帽胡同，与官帽胡同西口相交成"丁"字形的一条南北走向胡同即银碗胡同。今天这里变成了东长安街和交通部办公大楼。

与严嵩有关的四条胡同

后来皇帝知道了严嵩总是躲着要饭，这哪行啊！于是让刑部派了两个差官押着严嵩，让他披着相服，戴着相冠，端着银碗沿街乞讨。他走不动喊不出，一路上人人唾骂，没人肯给一点吃的。一连三天，他肚饥心闷，这时来到了方中巷往西一拐的一个胡同，现在人们都说是"一跑胡同"，这是北京话叫白了，正名是"衣袍胡同"。为什么叫这个名儿？原来严嵩要饭走到这儿，晃晃悠悠东倒西歪地把身上披的相袍掉在地上了。差人捡起替他重新披上，可是怎么也披不住，总往下掉，于是相袍便丢在这胡同里了，后来人们就管这儿叫"衣袍胡同"。离衣袍胡同不远处有个"官帽胡同"，就是严嵩走到这儿，把帽子掉在此处了。

离"官帽胡同"不远处还有个"银碗胡同"，说是严嵩走到这儿实在走不动，就连手里的银碗也拿不住了，"银碗胡同"就是银碗掉地的方。两个解差押着严嵩出了哈德门，也就是现在的崇文门，

蟠桃宫正名叫"护国太平蟠桃宫"，明代始建，清康熙元年(1662)重建后殿。明、清两代直至民国年间，每年三月初一至初三日有庙会，称"蟠桃盛会"。蟠桃宫庙宇仅有两层大殿，山门三间，门前有旗杆和石狮各一对，门额为"护国太平蟠桃宫"石匾。山门后有钟、鼓楼，前殿为灵官殿，后殿为斗姆殿。供奉西王母像。1987年拆除。图片拍摄于东便门立交桥西南路边绿地中，为乾隆年间《太平宫碑记》石碑一座，此地即是蟠桃宫的旧址。

老北京的传说（续篇）

顺着护城河南岸往东有个"蟠桃宫",紧挨着蟠桃宫有个"老爷庙",就是供关帝的一个小庙。两个解差想歇一会儿,押着严嵩进到殿里。这时严嵩已然快不行了,进了殿趴在那儿就起不来了。严嵩趴了一会儿,定了定神儿,往上一抬头就瞧见关老爷圣像,吓得汗毛眼都张开了,"哎呀"叫了好几声。怎么回事儿?原来严嵩当年有篡位之心,连做梦都想当皇上,夜里梦见过关圣帝君跟他说:"我赐你一地。"严嵩醒来还记得那个梦:"哎呀,关老爷赐我一帝,要给我一个皇上啊!"今天这庙里的关圣帝君像,跟他梦见的那位关老爷一模一样,他这才明白,当初关老爷托梦的时候说的是"赐你一地",而不是给他一个皇帝。得了,今儿个这里就是我严嵩的亡命之地了!他长叹一声就咽气了。

后来附近的人们也管那个小庙叫"倒君庙",说这"倒君庙"就是假皇帝倒在那儿了。

今日的蟠桃宫也只剩下一个便利店来诉说往日的繁华了。

与严嵩有关的四条胡同

牤牛桥

德胜门外北偏西,在元代是土城的护城河,那时在上面有座单孔的石桥,名曰"牤牛桥"。相传早年间还有"牤牛庙"、"牤牛坟",皆为明代古迹。多少年来,人们对此有着一段近乎神话的传说。

明代四川有位高僧,法名遍融,云游北方时,路上并无侍者,随行仅一头大牤牛而已。遍融老和尚骑在牛背上,手敲引磬,口诵佛号,向人们募化。沿途遇庙宇或村落,便稍事修整,仅牤牛独自驮钵

明万历九年(1581)为西蜀僧遍融建,名千佛寺。千佛寺后楼下层为念佛堂,上层为千佛阁,千佛阁内有明代所铸的古铜佛"毗卢世尊莲花宝千佛",在佛座周围的千朵莲花上有千佛旋绕,千佛大小一样,高四寸左右,故名千佛寺。清雍正十二年(1734)重修,名拈花寺,在今西城区大石桥胡同内。

外出募化，或为寺僧、村民驮水、驮粮。人们无不称奇。

后遍融来到北京，做了千佛寺①的首任方丈，名气甚大。根据《竹宪随笔》记载，明代的莲池、紫柏、憨山等许多名僧都曾向他"参学"。

平时，遍融在寺内修持，只叫随来的大牤牛背上驮一黄布袋子，到京北一带募化供养，近至城关，远至清河镇，朝出暮归，从不间断。日久人们便知道此乃千佛寺遍融法师饲养的"募缘牛"，乡民们只要听到牛吼，便纷纷出来施舍，捐钱币、银两者有之；献米面、果品者有之……即使贼匪亦不忍侵扰。牤牛每日均可满载而归。

① 千佛寺即为今天德胜门内大石桥胡同的拈花寺。

今日的拈花寺已经被北京大学印刷厂占用了。

一日，牤牛去清河镇募化回来，走到土城的护城河畔，卧地休息时，忽有一乡民老者喊道："大牤子，你还不快回去，老法师圆寂了！"其牛当即泪如雨下，朝天大吼三声，滚地而亡。见者无不感动，都说："此牛不凡，通人性，有佛缘，真乃神牛也！"

寺僧为纪念他们的开山祖师遍融和他的牤牛，就在北郊土城外

牤牛桥

修了一座塔院,为主持安葬;而京城内但凡知道此牛的人,都被老牤牛的忠诚所感动,自发捐款,就在老牛倒地的桥边埋葬了它,还在旁边建造了一座小庙,庙名为"牤牛庙",桥也就叫做"牤牛桥"了。

20世纪50年代以前,寺庙后院遍融遗像前仍有个铜制牤牛,牛背上驮一铜钵,牛前有一水槽。当年,这些雕像可与牤牛募化等传说互相印证,可惜现在我们已经无法看到了。

追贼胡同和金甲土地祠

从阜成门往东,路南第二条胡同,名叫"民康北巷"。明末以来,这里一直是个富有历史传奇色彩的地方。

据老人们讲,明末李自成的农民起义军兵临城下。阜成门内有个看街的王四,醉酒之后,到附近一座关帝庙,将香客"还愿"时给关帝披挂的黄袍金甲穿在自己身上,又将青龙偃月刀拿出,在街上耍弄,声言"闯贼敢要进城,我就砍了他"。附近百姓见了,不明真相,纷纷相传:"不得了啦,关老爷显圣啦!"

民康北巷,清初因其形状似锥子而称为锥子胡同,谐音为追贼胡同,1911年改称垂则胡同,后因其在民康胡同之北,定名为民康北巷。现在已经扩建并入大金融街商圈。

却说李闯王率兵刚刚入城，即得探马来报："有身披金甲，手持偃月刀者，拦路拒之。"因此，开路先锋临时改道，引众军进入路南一小巷。但闯王不信神鬼，遂令再探。后得知系一更夫酗酒取闹，随即传令将王四擒拿斩首。

李自成(1606—1645)，明末农民起义领袖。原名鸿基。崇祯十七年(1644)正月，建立大顺政权，推翻明王朝。由于起义军领袖骄傲，逼反吴三桂，清朝贵族入关，李自成迎战失利，退出北京，后传说永昌二年(1645)在湖北九宫山神秘失踪。此图拍摄于昌平西关环岛中心绿地。

清顺治帝大定天下后，闻奏此事，认为醉鬼王四的行为是"忠君报国"，为表彰其事迹，乃下诏敕封王四为"金甲土地爷"。闯王临时改道进入的那条小巷，被称为"追贼胡同"。并在这条小巷的北口建了一座一间门脸的小土地庙，谓之"金甲土地祠"，给王四塑了像，塑成个手持青龙偃月刀的土地爷。这便是清代京城唯一的一座敕建土地庙了。原来北京城内所有的小土地庙，在独根的旗杆上都挂着"保我一方"的神旗，唯独这座金甲土地庙的神旗，挂的却是"保我社稷"。

一些不知底细的人，出于历史正统观念，乃与清统治者一唱一和。

近人徐国枢《燕都续咏》有诗曰：

敢云神力无凭藉,

却贼能胜百万军。

崇德报功原不愧,

分封金甲纪殊勋。

并序:"平则门内追贼胡同北口外有金甲土地祠。相传明末闯贼李自成入京时,是神拒之。顺治受禅后,遂敕封焉。"

至于追贼胡同,辛亥革命后,将其雅化,改名为"垂则胡同"。上世纪50年代初期,与这条胡同相通的巡捕厅胡同,改为民康胡同,而垂则胡同在其北面,也随之改称"民康北巷"。金甲土地祠亦改做民宅了。

灵境胡同

说起灵境胡同,许多人都知道。它位于西城区中部,属西长安街街道办事处辖界。东西走向,东起府右街,西至著名的商业街西单北大街,中与枣林大院、西黄城根南街、东斜街、新建胡同、背阴胡同相交,全长664米。

早先,它可不叫灵境胡同。明代时,它分为东西两部分,东部称灵济宫,因灵济宫在此而得名。此宫为永乐十五年(1417)明成祖下令修建,以祭祀徐知证和徐知谔两兄弟,后成为百官朝见皇帝的预

灵境胡同位于西单地区,自东向西分别和府右街、西皇城根大街、西单大街三条南北向街道相交,其中东与府右街相交为丁字路口,西和辟才胡同相通,与西单大街相交叉。

演场。古木深林,巍然仙宫。西部称宣城伯后墙街,因南侧有宣城伯府第,故取此名。清代时,以西黄城根南街为界,东段有灵济宫、林清宫,老百姓俗称为林清胡同,西段改称为细米胡同。

1911年后,东部改为黄城根,西部则改称灵境胡同。1949年后两段合并,统称灵境胡同。1965年将八宝坑并入。八宝坑位于西部北侧,为南北走向的死胡同,因地势低洼卫生差,原称巴巴坑,后谐音雅化称八宝坑。到了清朝,灵济宫逐渐荒废。现今胡同北的石板房头条、二条胡同一带在施工时,曾发现地下埋有古建筑基础部分,是三合土夯土,高4.5米,面积很大,其中一处东西长32米,南北长20米,疑是当年灵济宫的地基。

以上向大家交代胡同名称变迁的时候提到:在清朝,灵境胡同曾被称为林清宫和林清胡同。这是为什么?原来这里有一个鲜为人知的故事。

林清①是嘉庆年间农民起义的领袖,宛平宋家庄人。他从小很穷,十几岁时到了北京城,找到一家药铺当上了小伙计。吃的是残羹剩饭,住的是冷屋冷炕。不久,生了一身毒疮,慢慢地就走不了路了,但他这个伙计是专管办货要账的,如今生了毒疮,一瘸一拐出不了门,就被掌柜的赶了出来。他无路可走,就在城里乞讨要饭,日子长了,结识了一些江湖好汉,帮他治好了疮,还教了他一身武艺。他带着这身武艺走南闯北,在运粮船上当纤夫,在码头上当搬运工,江南江北,没有他不去的地方,看到各处穷人无家可归,流落街头,他心中非常愤恨。

后来林清回到京城,找了个打更的差事,每天拿着梆子在顺城街皇城根敲更报点。他见那些深宅大院的富贵人家,整夜酒宴欢乐,再想想穷苦人民的水深火热,心里更加不平,他日夜盼望着穷人能有一个出路。后来听说山东、河北都兴起了白莲教,他想这也

① 林清(1770—1813),清嘉庆年间华北地区农民起义首领,宛平宋家庄(今属北京市大兴区黄村镇宋庄村)人。另一说原名宋联清,因担心灭门,为保家族,对外称自己名林清。1806年加入天理教,成为坎卦教主,兼领八卦,传教河北。与滑县震卦教主李文成商讨起义,被推举为天王。1813年农历九月十四日派教徒二百人分两小队,暗藏武器,化装潜入北京。次日有九十余人在陈爽、陈文魁率领下由信教的太监张太、刘得财等引导接应,分别从东、西华门攻入皇宫,在隆宗门外与宫内护军激战,部分义军冲至养心门,终因人力单薄失败。不久他被捕。遇害前坚贞不屈,宣称将来必有继续起事的人。

灵境胡同

白莲教是北宋至近代流传的民间宗教。北宋时净土念佛结社盛行，多称白莲社或莲社，主持者既有僧侣，也有在家信徒。南宋绍兴年间，吴郡昆山僧人茅子元（法名慈照）在流行的净土结社基础上创建新教门，称白莲宗，即白莲教。元、明、清三代在民间流行，农民军往往借白莲教的名义起义。

许是穷人的一条出路，就去参加了。

从这以后，林清每天出去传教，救济穷人。有一次，他和几个教友到一个村里去活动。刚进村子不久就遇见了官兵，叫官府给抓了去，押到了保定府，过了三次堂，挨了几顿大板子。后来，好不容易才逃了出来。他想，要和官府斗，就得豁出命来。不光豁出命来，还得人多心齐，拼个你死我活。从这以后，他就更注意收罗人马。在保定的时候，他认识了一个穷教书的，叫牛亮臣。这个人很有智谋，林清就请他为军师。后来又认识一个木匠，叫李四，也叫李文成，胆大心细，也成了他的好帮手。他们兴起八卦教，推选林清为总教主，目的是反抗清朝。他们越聚人越多，势力很大，就按照乾坤八卦，分成八面义军。他们要改天换日，昭示天理，又把八卦教改成天理教，学着李闯王的样子，打出"顺天保民"的大旗，准备推翻清朝，建立一个大明天顺王朝。

这天，他们派了三个人进入北京，买通了太监，探听宫里虚实。太监告诉他们，嘉庆皇帝带了不少人要到热河"避暑山庄"去避暑了，宫里空虚。他们见时机已到，就决定发动起义，杀进宫去。林清部署了河北、河南、山东一带的兵力，准备好粮食、柴草、棍棒和刀枪。他自己带领一支人马，挑选了三百名武艺高强的小伙子，装扮成商人、小贩，在没关城门以前，混进了北京。

到了北京，他们直奔西单灵济宫，这灵济宫就在灵境胡同里边。这天，整个胡同戒备森严，全都是天理教的人把守。灵济宫里香烟缭绕，灯火通明。林清在这里秘密开会，计议分东西两路，摸进宫去，抄皇帝的老窝。到了第二天早晨，林清先派了几个人去联系宫里信教的太监，准备里应外合。这几个人靠近皇城根儿，想从西华门进去，可是一下叫官兵看见了，都被抓了起来。事情一败露，就有人报告了守城官。守城官听说有人谋反，心想，皇帝不在，出了事可不得了，就命令严加防守。过了一会儿，他又想，不对，这一统天下，太平盛世，哪里会有人谋反呢？一定是弄错了，就又收回命令，对抓住的几个人也没有深究。

林清看派出的人没有回来，十分着急，他想一定是出事了，兵贵神速，事不宜迟，必须立刻行动，于是下令两路人马一齐出动。

东路人马在南河沿会合，奔东华门。西路人马在宣武门会合，奔西华门。东华门没有戒备，城门大开，只有八个守门兵站岗。义军非常高兴，加快脚步，准备硬闯进去。可惜有些人不小心把兵器露了出来，结果惊动了守门兵，守门兵"忽"的一下，把城门关上了。虽然有几个腿快的人挤了进去，但大部分都被关在了城外，进去的几个人，虽说武艺高强，毕竟人少势单，他们奋力厮杀，最后还是寡不敌众，没有成事。再说西路人马，会齐以后到了西华门，由于有太监接应，顺利地进入了皇城，后来东路人马也渐渐转到了这边。一进西华门大家奋力搏杀,皇宫里的大臣、皇子、后妃都吓得魂飞魄散,鬼哭狼嚎。起义军放火烧了隆宗门,在紫禁城头插起了"大明天顺"、"顺天保民"的大旗。刹那间杀声四起,整个皇宫乱作一团。

今日灵境胡同。

到了半夜,起义军又放火烧了五凤楼。一时大火熊熊,烧红了半边天。只可惜起义的援兵没有接应上,叫清兵反过手包围起来,又坚持了一天,终于叫官兵打散了。

那时林清并没有进宫,他返回宋家庄,准备调集各路人马,只等占领紫禁城后,大军再占领北京城,过了几天忽然来了几个人报告说,皇宫已经拿下来了,请他进宫。林清非常高兴,心想:只要再占领京城,清朝就快完了。他见车马已经准备好,就要上车。可是他的姐姐却不放心,她看了看车马,又看了看报信的人,觉得很不对头,就对林清说:"不忙进宫,你跟我来,我给你带件东西。"刚说完,

那几个人一下把林清姐姐打倒在地,抓住林清,捆在车里拉走了。

　　林清身边的义军一看不好,上去就追,可惜中了官兵的埋伏,全部牺牲了。林清被捆进宫里,严刑拷打,可是他大义凛然,至死不屈。宫里的主事大臣报告了嘉庆皇帝。那时嘉庆皇帝正在热河玩乐,听说宫里出事,急忙赶了回来,要亲自审问林清。林清一见嘉庆皇帝,火冒三丈,把他骂了个狗血喷头,最后英勇就义了。

　　以后,李文成、牛亮臣又继续转战南北,起义军发展到七八万人,苦战了三个月,攻城劫寨,这后话咱这里就不说了。

　　打这儿起,灵济宫就在百姓中传开了,大家都偷偷地叫它林清宫,而所在胡同就叫林清胡同了。

　　如今,随着时代的变迁,灵境胡同也在发生着变化,胡同两侧盖起了许多居民楼,在昔日灵济宫的遗址上,一个崭新的小区拔地而起,但再也没人谈起过去那场轰轰烈烈的农民起义了。

丁章胡同

北京有一个丁章胡同，光看这名字，平淡无奇，可是在这名字的背后却流传着一个有趣的故事。

早先，这里住着一户有钱的人家，主人叫什么已经没人知道了，只知道周围邻居暗地里叫他缺大德，他在北京城开着不少的买卖，家里的粮米钱财不计其数，就是有钱。买卖多，雇的伙计也多，但对伙计们非常凶狠，从吃饭上就看得出来，伙计们是"菠菜长吃，韭菜老吃，一年到头吃饺子"！有人不理解了，这不是吃得挺好吗？我得给您讲明白了：菠菜长吃，菠菜得吃嫩的，长吃指的是长长了才吃！韭菜老吃，韭菜得长老了才吃！一年到头吃饺子，您可听明白了，一年得到了"头"才能吃上一顿饺子，就年三十那一顿！您说他多缺德呀，可以说缺大德了！这小子满肚子花花肠子，一肚子坏水。

可有这么句话："好人不长寿，祸害遗千年。"您看那好人，动不动就得点病，有病还没钱治，那坏蛋们一个个活得都滋润着了！这缺大德就是，没灾没病，舒舒坦坦地活了五十多年。这一天是缺大德五十八岁生日，嚯！大摆宴席，请亲朋好友来聚一聚。亲朋们全来了，又随份子又送礼，大伙是一边喝酒一边骂街。怎么还骂了？是得骂！宴席上的菜太寒碜了。一碟酱腌大萝卜，一碟盐面胡萝卜，一碟暴腌青萝卜，一碟酱油泡萝卜。大伙一看，掉萝卜地里了，吃完非呛死不可！

今日的丁章胡同，两侧已经拆迁，不知道它在我们心中还能生存多久。

晚上，亲朋好友全走了，缺大德躺在床上算账：今儿来了四十位客人，开了十桌，准备了一百斤萝卜，吃了二斤半，看来该我发财，大伙都吃得不多。废话！咸萝卜还能吃多少啊？他想着想着，"呼——"就睡着了。

睡着睡着，缺大德猛然就觉得屋子里刮起了一阵风。这阵风真不善，直刮得昏昏暗暗天地变，星光隐，月不见，好似孙悟空借来芭蕉扇！缺大德纳闷了，嗯？怎么屋里刮风了？就这阵，桌上的蜡烛突突直冒绿火苗！怎么这色儿啊？随着这绿火苗，缺大德就觉得屋子里阴云笼罩，冷气森森，从脖子后头冒出一股凉气，"嗖"，从脊梁沟冷到脚后跟。他心说："这是怎么了？难道说要闹鬼吗？"这一个鬼字没出口，眼前青烟一晃，有一个身影出现在面前，披头散发，七窍流血。"啊?!"他仔细一看，认识，原来是和自己做生意的李二，因为被他蒙骗，倾家荡产，孩子也卖了，媳妇也跳河了，李二一咬牙，上

丁章胡同

吊自杀了。今天他怎么来了？不好，冤鬼闹宅！跑吧！一推门，一股黑烟又进来一个，满身鲜血，惨不忍睹！原来是向他借高利贷的张三，没法还钱，神经错乱，走到街上让车轧死的。坏了，这是冤死鬼呀！他赶紧要跳窗户，一推窗户，又有俩！敢情是亲兄弟俩，哥哥叫曹雅，弟弟叫曹龙，原来都是缺大德家中的奴仆，哥俩都是被折磨死的。一会儿的工夫，满屋中鬼影重重，口口声声闹着偿命。缺大德心说，完了，活不了啦，干脆拼了吧！一伸手，把跟前这鬼抱住了，一张嘴"吭哧"把鬼鼻子咬住了，心说，我死也不能吃亏了。缺大德咬住鼻子一使劲，就听见他媳妇喊上了："这个缺大德，半夜不睡觉，咬我大脚趾头干吗？"

闹了半天，敢情是做梦！

缺大德坐起来，满头大汗。脑袋瓜也耷拉了，鼻子头也冒汗了，脖子也梗了，脑子也蒙了，两只手也凉了。

两口子一商量，不行，这座宅院不吉利，得搬家。虽说缺大德有的是房子，可这座院子也不能扔下不管啊，得找人看着。缺大德回

老北京的小胡同。此图拍摄于帽儿胡同。

头找了两个佣人:"跟你们说点事儿,我和夫人嫌这房子不好,打算搬家,留下你们俩看家,这可是好活……""老爷您甭说了,这房子闹鬼,我们知道!""啊?知道哇。"最后缺大德把所有佣人召在一块商量谁留下,一说这事,有的站那就哭,有的跪那磕头,有的当场就吓晕过去了。别说,真有一个站那没动,仔细一看,尿裤子了。

缺大德一看,这怎么办呢?这时,人群后边有搭茬儿的了:"老爷,我留下吧。"大伙一惊,真有不怕死的,都回头瞧,原来是烧火的丁三。这个人出身穷苦,从小没爹没妈,在缺家也是饥一餐饱一顿,弄不好还得挨打。他今儿一看,都不愿留下,干脆,我留下吧,这么大院一个人住,挺好。缺大德一看:"好!就是你了。你留下,其他人快搬东西,快!"干吗这么着急啊?他怕天黑了,冤鬼们再来找他。

全家人都搬走了,就剩下一个丁三。丁三从小为人正直,也不信鬼神,一个人住在这儿,轻轻松松,悠悠闲闲,不用再被人支来使去。他每天吃了饭无事可做,在院里散散步,跟胡同里的人聊聊天,也挺好。这天晚上,丁三躺下刚睡着,就觉得屋子里祥云缭绕,瑞气千条,一阵香风。丁三心说:"怎么个意思?找我来了?"突然一阵金光闪过,眼前出现一位老仙翁,长寿眉,佛爷口,花白长髯飘洒胸前,那真是:

　　头戴一顶鱼尾冠,发髻高挽别玉簪,
　　身穿道袍金光现,阴阳八卦绣上边,
　　慈眉善目微微笑,好一位天上大罗仙。

丁三说:"老爷子,缺大德搬家了,有事您甭跟我说,我们两回事。"

老仙翁微微一笑:"丁三,傻小子,跟我来。"丁三就觉得身不由己,二人一前一后来到院子里。老头一指院墙东北角,说:"丁三,你

南极仙翁是古代神话传说中的老寿星,又称南极真君、长生大帝、玉清真王,为元始天王九子。因为他主寿,所以又叫"寿星"或"老人星"。传说经常供奉这位仙神,可以使人健康长寿,这位仙神其实是道教追求长生的一种信仰。

为人和善,上天有报,此处埋有金银,你想着挖出来吧。"丁三一听:"什么?有金银……"等他明白过来,老仙翁早没影了,丁三赶紧喊:"哎,老……"这一喊,就醒了。敢情做了个梦。

第二天吃完饭,丁三心说,这是真的还是假的?来到院子里一看院子角儿这,跟昨天梦的一样,干脆挖个试试吧!他回屋拿了一把铁锹,三挖两挖,哎,真有东西!敢情一刨,是个坛子,一开坛子盖,哎哟!黄的是金子白的是银子,天哪,这是真的啊!丁三心说,我不是做梦吧?伸出手来咬一口,嗬!真疼!你倒轻点咬哇!他急忙又埋上,把土弄好,回到屋里,心说,怎么回事?东家埋的?不能哇,东家临走的时候,连耗子窟窿里都拿开水灌了一遍。那是谁的呢?干脆,找章四商量一下。

章四跟丁三是朋友,俩人关系特别好。章四听丁三说完之后,一拍桌子:"兄弟,你发财了!老天有眼哪!"丁三说:"四哥,走好运一块走,有我的就有你的,有福同享!""兄弟,这事这么办,回去你先摸一下缺大德的底,你就说成天闹鬼,干脆把房卖了。如果银子是他的,他必不同意卖房;如果不是他的,他的态度就会不一样。探出底细,咱再说!""好嘞!"

丁三回去跟缺大德一说,缺大德就琢磨:"卖掉当然好,可谁不怕鬼呀?"丁三一听,有门儿:"老爷,干脆卖给远处的人,一手钱一

手货,卖完之后,再闹鬼也找不着咱了,要不这成天闹也受不了!""好吧,你去找个主,远远的。""哎!"

丁三回来一说,章四就乐了:"兄弟,这银子、房子都是你的了。回去跟缺大德说,找好主了,过几天看房。今天夜里你挖出金银,提一小部分当房钱,我出面去买。"

过了几天,丁三带着章四来了。嗬,穿的戴的都很讲究,一看就是有钱人。缺大德当然高兴,闹鬼的房子终于卖出去了。一个急着卖,一个乐意买,当下谈妥,一手交钱,一手立字据。从此,这所房子可就不姓缺了。

章四住下不久,丁三就辞了缺大德的活,也来到大院住下。二人谦来让去,最后房子平分,金银也一人一半,分头做买卖。他们对人和气,经常周济穷人,不像缺大德那么害人。从此,这大院就叫丁章大院,这条胡同也就叫丁章胡同了。

教子胡同

　　北京牛街有一条胡同叫"教子胡同"。原先它的名字是"轿子胡同",后来才改为"教子胡同"。提起这条胡同,要讲一段凄凄惨惨、催人泪下的故事。

　　清末,胡同里住着母子二人,母亲王氏。过去的女人受封建压迫,没有名字,以氏称之。儿子叫小宝,六岁,很聪明。小宝的父亲身体不好,年前得了一场重病,去世了。家里就抛下王氏和小宝,娘俩儿叫天天不应,喊地地无言。亲朋好友全不来往了,原来小宝的爸爸活着的时候,还有个走动,这一死可就全不登门了,怕受连累。这可真是穷在街头无人问,富在深山有远亲啊。也别说,小宝有个表叔倒是来过两趟,进门嘘寒问暖,小宝他娘这个感动啊,等这表叔走了才知道,敢情他把家里的痰桶给偷走了。王氏大哭一场,哭丈夫,哭自己,也哭孩子。"我的命怎么这么苦,老天爷就不给苦命人一条活路走吗?"大人也哭,孩子也闹,屋中漆黑一片,窗外斜月寒风,真惨哪!哭着哭着,王氏一口气没上来,昏过去了。

　　这房子是里外间,娘俩在里屋炕上躺下,外间屋比里间小点,搁点零碎东西。王氏刚昏过去,"吱吱——"门开了,蹲着进来一个人。闹贼了?原来不是外人,是小宝他表叔!这小子,天字第一号坏蛋,满脑袋坏主意,满肚子歪歪道,事挤到坎儿上,亲爹他都敢折腾

着卖了！平常什么正事都不干，专门偷鸡摸狗坑蒙拐骗。这半年多，他又抽上大烟了，没钱就卖东西，卖完东西卖孩子，媳妇找他要孩子，就编个瞎话把媳妇骗到山东卖了二百两银子。丈母娘来找闺女，他又把丈母娘卖到河南挣了一百两银子。简直不是人哪！今天这小子刚把房卖了，抽了半天烟，又喝了点酒，兜里揣着剩下的五十两银子，晕晕乎乎，挺舒服的，心说："舒服是舒服，可今天晚上我上哪睡觉去呀？"房子也卖了，媳妇孩子全卖了，哪都不能去，朋友那没法去，欠人家钱，丈母娘家不能去，老丈人还憋着要人呢。他想来想去："哎，对！上小宝家去睡去，小宝他爹刚死，肯定被窝枕头有全套的，地方也有，仗着也不是外人，对，睡那儿去！"他轻轻推开门，蹲着进来了，谁都没瞧见他。正赶上这会儿，王氏又醒了，接茬儿哭，哭自己的丈夫："死鬼呀！你对不起我呀！你死了图清静，撇下我怎么活呀！死鬼，你把我带走吧！死鬼，你来呀！"这一哭，蹲着的那位吓坏了，他喝迷糊了，王氏说的话，他有的听清楚了，有的没听清，就听见王氏说："死鬼呀，你来呀！"这位一听，"嗯？死鬼？回来啦？不行，他回来我得走！"他往起一站，呼，这酒劲上头了，往屋里一瞧，眼睛也花了，瞧什么都像鬼，"妈哟"一声，他连滚带爬，转身就跑了，怀里的银子包掉出来也不知道。王氏坐在炕上正哭着，听到有动静，往门那儿一瞧，嚯！地上有个包，跟一块砖头大小差不多，

牛街礼拜寺是回族伊斯兰建筑，作为北京历史最为悠久、规模最为宏大的清真古寺，居四大清真寺之首，也是世界上著名的清真寺之一。现为全国重点文物保护单位。牛街礼拜寺初为辽代入仕的阿拉伯学者纳苏鲁丁所创建，历经元、明、清各代扩建与重修，使其整体布局集中、严谨、对称。寺院坐东朝西，殿堂楼亭主次分明排列在一条中轴线上，是中国古典宫殿和阿拉伯式清真寺两种建筑风格相结合的一组独具特色的中国式伊斯兰古建筑群。

王氏看到直纳闷。

话说小宝他表叔一折腾，王氏再一哭，街坊感到很奇怪，这屋里怎么这么乱呢？孙大妈、李大婶全过来了，看到小宝和他娘。王氏这个委屈呀，又死人又闹贼，大伙一看赶紧劝吧。"别哭了，看丢东西了没？""家里什么都没有，丢什么呀？""别难过了。""哎，地上那布包是什么啊？"拿起小包打开一看，哟！银子！孙大妈、李大婶高兴了。"宝儿他娘，别哭了，银子，甭说，准是财神爷给的！""不，准是观音菩萨给的。"甭管谁给的，王氏挺高兴，有了银子，娘俩能活了。王氏说："我知道谁给的，刚才我正哭死鬼，准是他送来的。"孙大妈说："那好，赶明儿，一没钱了，就坐屋里哭死鬼。"李大婶说："行了，甭犯财迷了，把房子哭塌了，也没人给你送钱。天不早了，宝儿他娘也该歇着了。甭难过，还得为孩子着想哪！""哎，那我谢谢大家了！""行了，以后有什么事就告诉我们。"王氏捧着银子，眼泪哗哗地流，这真是"闭门家中坐，钱从空中来"啊。

从这起，娘俩儿的生活稍微好转了一些，平时王氏就给人家干点零活挣点钱。王氏暗下决心，日子再苦，也不能苦了小宝，一定要让这没爹的孩子过上好日子。从此，王氏对小宝可以说倾注了全部心血，怀里抱着怕摔了，脑袋上顶着怕吓了，嘴里含着怕化了。要星星不敢给月亮，要月亮不敢给太阳。小宝要想吃点什么，哪怕外头下刀子，王氏也顶着铁锅出去买去。

一晃，小宝长到了十二岁，又淘气又不听话，说翻儿就翻儿，动不动就摔东西胡闹。王氏不急也不恼，和颜悦色地哄着。王氏觉得，自己的孩子自己爱，树大自然直，长大了就好调理了。小宝不小了，该上学了，王氏托人介绍了一位先生。临上学的头一天晚上，王氏一夜没睡，把小宝的衣服整理好了，又一针一线地做了一个书包，熬得两眼通红。金鸡三唱，天光大亮，东西都预备好了，王氏送小宝

去上学,一路上百般叮咛。结果,早上八点送小宝上学,九点半他就自己回来了,王氏纳闷呀:"怎么这么早就回来了?"小宝说:"啊,放学了!""嗯?放学了,这么早?""先生看病去了!""哦,先生病了,那明天再去吧。"王氏真以为先生病了,到下午才知道,先生本来没病,敢情让小宝拿砚台把脑袋给砸了,哗哗地流血!这下王氏也生气了:"小宝,你怎么打先生?""他不让我拉屎!""啊?他不让你出去拉屎?""他不让我在桌子上拉屎!""那是不能答应!你就为这个打先生?""啊!""咳!哪能这样呀。那先生没打你吧?""没有,我把他戒尺撅折了,眼镜也摔了,大褂也扯了,最后,才拿砚台砸的他!"王氏听完,也没生气:"你这小子,真淘气。行了,以后不许这样!没吓着你吧?吃饭去吧。"这就是王氏的不对了,孩子有错,必须得说,可不能偏袒,她老觉得孩子小,大了就好了。

　　这个学堂是去不成了,再托人找别家吧。别的先生都摇头:"不要,受不了,我们这脑袋没有砚台结实!"敢情这点实底大家全知道了。王氏一想:"行!不去就不去吧。"

　　这一下,小宝更是如鱼得水了,天天出去疯跑。街坊李大婶看不下去了,过来劝王氏:"宝儿他娘,这可不行,孩子可得管了,这样非惹大祸不可!""咳!李大婶,您甭操心了,我自个儿的儿子我知道,闯不了祸,小孩儿,玩儿呗!"晚上,王氏就跟小宝说了:"宝儿哇,你可得听话,李大婶今天给你告状了,说你不听话!"小宝一听,心想:给我告状?行!等着吧!

　　这小子是坏,他找了一个小号的瓷坛子,上厕所舀了些脏东西,又上外边捉了几只蜻蜓,放在坛子里,盖上盖儿,等李大婶家没人,从窗户把小坛扔进去了。啪!坛子一碎,蜻蜓出来了,翅膀上沾着脏东西,飞得满屋子都是!李大婶回来一开门:"哟!谁这么缺德呀!"还有谁呀?一猜就是小宝,找他妈去!

今日的教子胡同。

　　王氏听完忙解释："这孩子,太淘气。您甭跟他一般见识,不还小吗?大了就行了!"李大婶一听,还小哇?十三四岁就敢这样,大了怎么办啊!他妈又护犊子,没法说,得了,自认倒霉吧。

　　街坊孙大妈看不下去了,也找来了："宝儿他娘,咱们老街旧邻的,我也是为你好,孩子可不能宠,宠大了是祸。""咳!我自己儿子自己知道,还小呢。"她老是这几句。孙大妈一看,真劝不了啦。

　　小宝一听："怎么着?孙大妈也背后说我?行,等着吧!"

　　早晨起来,胡同里来了个卖切糕的。大伙都出来买,孙大妈也在其中。小宝一看,机会来了,喊道："卖切糕的,切个薄片。"别人都爱吃边上的,他要薄片,这得从中间切。卖切糕的从中间切了一个大薄片,热乎乎的,挺粘。小宝托在手里,突然说："哎,你这切糕里有虫子!"卖切糕的说："不能啊,米、枣都是好的!没虫子!"小宝一回头："孙大妈,您看这是不是虫子?""哪儿呢?"孙大妈一低头的工夫,小宝一抬手,这块切糕,又热又粘,"啪"地贴在孙大妈脸上!"唔……"孙大妈都说不出话来了。小宝撒腿就跑,把孙大妈气的,

孙大妈只好顶着一脸江米粒来找王氏："宝儿他娘,你看看小宝,太不像话啦！可得管管他！"王氏说："您别生气,孩子小,可能他个子矮,想让您吃切糕够不着,往上一递,您一低头,贴上了。"嘿！孙大妈心说:你真能护着孩子！得,冲你们家孩子,明天我搬家！

小宝这回是洋洋得意,他妈也不说他,街坊们也不告状了。谁敢哪？打这起,小宝是越来越不像样了,成天在外鬼混,和外边的流氓一块儿为非作歹。时间长了,王氏也劝他,一说,小宝就闹,摔桌子砸碗,一闹就两三天不回去。王氏怕儿子不回家,也就不敢说了。

接长不短的,小宝总往家拿东西,布料啊、表啊、戒指啊、新鞋、水烟袋、整扇的肉、鱼、老母鸡。有一回还推来一车萝卜,王氏一问哪来的,小宝就说挣来的。王氏还挺美："我儿子能挣钱了。"其实,小宝跟外边流氓抢劫去了。他妈是一概不知,蒙在鼓里。

这一天半夜,小宝跟几个流氓喝完酒,走到广安门一带。一瞧,过来个人,背着个口袋,一看就是外地人。小宝几个人一对眼儿,买卖来了。他们一拍这人肩膀,这人问道："啊,干什么的？""干什么？你是哪儿来的？""我是山东人,上北京投亲来了,也没找着人。""身上带的什么？不说卸了你！""这兜里有点银子,怀里有块表,鞋坑里还有张银票。"得,全招了。哪还能放他走,几个人一拥而上,开始抢东西,有翻口袋的,有抢表的,有扒鞋的。山东老哥就大声喊人,这时,有一个流氓说："小宝,别让他喊！""好！"小宝一伸手,从腰里拿出一把刀,照着这人"噗"就是一刀。几个流氓一看,出人命了。什么叫义气？跑吧！哗,全散了。正在这时候,巡夜的官兵从这路过,一看地上有死人,都是血。小宝那攥把刀,正愣神呢！那还等什么呀？抓！其他人全跑了,就抓住了小宝一个人。

王氏在家中一算日子,连着半个月,小宝都没回家。"干吗去了？哎,回来得说说他,不小了,该干点正事了。"正想着,咣当,门分左

右,进来一个差人。"你是王氏吗?"王氏一看,衙门来的人。"啊,是,您?""你有个儿子叫小宝吗?""有啊!""告诉你,你儿子抢劫杀人,已定成死罪,明天在菜市口开刀问斩!""啊?!"差人说完掉头就走了。王氏只觉得天也旋地也转,眼前一片混乱,一声惨叫,摔倒在地。

等她醒过来,天已经黑了。王氏坐在屋子里放声痛哭,声音凄惨,铁石之人也要伤心。街坊邻居个个叹息,也无言相劝。

菜市口,清代杀人的法场,就设于原宣武区菜市口百货商场旧址附近。后来便有人在此卖菜,菜市生意兴隆,故菜市口由此而得名。今日的菜市口大街已经无法找到旧日的气息了。

转过天来,王氏心想,无论如何,也得去法场看看儿子,于是跌跌撞撞赶奔菜市口。

菜市口刑场人山人海,败草衰零,木叶尽脱,西风正紧,北雁南飞,已是深秋。小宝面向东跪着等待受刑,因为东边是虎坊桥,意思是说把死囚送入虎口。王氏分开人群,一眼就看见自己的儿子,自己心爱的儿子,倾注自己全部心血的儿子。真不敢相信,自己的儿子今天就要身首两分。王氏喊了一声:"宝儿,娘的儿!"这一声真是撕心裂肺,惊天动地。小宝也喊道:"娘!"眼泪也掉下来了。王氏扑到近前:"儿啊,儿,你怎么了,这是真的吗?娘还指着你传宗接代,

娘还指着你顶丧驾灵哪！儿啊,你怎么啦？"才半个月的时间,小宝好像换了个人,头发蓬松,整个人伤痕累累,看看自己的娘,娘老了,脸上皱纹堆垒,眼睛红肿,一夜的工夫,头发白了。小宝的眼泪止不住了,事到临头才知道后悔,可惜晚了,他舍不得娘,舍不得家,舍不得自己,看什么都那么亲切。可是宣武门城门洞上刻的仨字"后悔迟",却告诉他,晚了!

小宝嘴唇颤抖,说:"娘啊,恕儿不孝,您白疼了我一场。我对不起您。儿有几句话,娘,您把耳朵递过来。""哎,儿啊,你说吧。"老娘把耳朵递过来,小宝一张嘴,吭哧！就把王氏的耳朵咬下来了。"啊？宝儿,你怎么了？""娘,我恨您！""啊！""娘,您还记得我小时候淘气吗？我头一天上学把先生打了,回来时我挺害怕,心想,转天再上学我一定好好的。可您没说我没打我,我觉得挺好的。以后,无论我惹什么祸,您都护着我,我不回家,您也不说我,街坊劝您,您不听,您这耳朵没用啊！它当初要听人劝,您教训我,我能到今天这一步吗？娘啊娘,您害了我呀,是您把我推到这刑场上来的,是您让人砍我的头啊。娘啊,您爱我,可您怎么能害我呀！娘,我恨您！"

字字句句如同万把钢刀直刺王氏的肺腑。"天哪,你这不睁眼的天！我疼儿子爱儿子,可我怎么能把他推到这来了？看起来,惯子如杀子,一点都不错,我舍不得我的儿子,可我后悔也晚了。儿啊,娘对不起你呀！"母子二人哭得撕心裂肺。王氏一回头,看见地上有块青石,心说:儿子没了,我还活什么劲？干脆碰死算了！她一挺身直奔青石,"啪"！脑浆崩流,死尸倒地。

小宝大叫一声:"娘！"此时,时辰已到,刽子手举起大刀,一刀落下,身首两分。

消息传来,街坊四邻无不落泪,为了教育后人不要溺爱孩子,从此就把"轿子胡同"改称"教子胡同"。

柯大把

少林寺，位于河南嵩山，是少林武术的发源地，禅宗祖庭。由于其坐落嵩山的腹地，少室山下的茂密丛林中，所以取名"少林寺"。南北朝时，天竺僧人菩提达摩到中国，善好禅法，颇得北魏孝文帝礼遇。太和二十年(496)，敕就少室山为佛陀立寺，供给衣食。少林寺在唐朝时期，享有盛名，以禅宗和武术并称于世。民国时期被军阀石友三几乎焚毁殆尽，后慢慢得以恢复，如今已成为海内尽知的旅游胜地。

① 过去牛街南口外称为"南沟嘴子"，具体在今右安门内大街北京回民医院的位置。

老北京的传说（续篇）

从前，牛街有一个姓柯的人家，老两口无儿无女，男的会武术，平时收些徒弟，教教拳脚功夫，人称柯大把，老两口就靠着祖上留下的房产和教徒弟的收入，生活还算不错。

有一天，柯大把出了牛街奔南口。那时候的道路是无风三尺土，雨天两腿泥。有个少林寺和尚来北京拉粮食，正赶上刚下过雨，拉粮车一下子陷到南沟嘴子①的烂泥坑里。围上来看热闹的人都说："先把粮食卸下来，再拉车！"刚要卸粮，柯大把来了，他问赶车的把式："这在干什么啊？"把式说："卸下粮食好拉车呀。"柯大把说："那多耽误工夫啊。"把式问："您说怎么办？"柯大把说："我来帮你一把！"和尚和把式看看他，问："您这么大岁数了能行吗？"柯大把说："试试吧。"只见柯大把将车的轱辘一搬，便把车垫在自己的腿上，和尚也

帮着推，车把式一吆喝，车一下就拉出来了，和尚见识到柯大把的力气，吃了一惊，问："您贵姓？"柯大把说："我姓柯，大家管我叫柯大把。"说完就走了。

过了几天，从少林寺来了一个老和尚，正好赶上牛街土地庙赶集，老和尚来了后就假装卖药，等聚拢人气之后，对围观的人说，他是来找一个朋友的，这个朋友姓柯，但不知住在哪里，想让大家带个话，相互切磋一下。人群中有好事的就把柯大把的住处告诉了这个和尚，而柯大把这时也知道有人要找他，不知是真切磋还是来寻晦气，所以嘱咐家人避开，自己单独见见来人。

不久老和尚找到柯家，进来后见屋中拢了一个大火盆，窗缝用纸糊得倍儿严，柯大把穿着个大皮袄在床上闭目养神，老和尚知道他这是夏练三伏冬练三九的功夫，也就较起劲来，可惜在屋中待不到一个时辰，豆大的汗珠儿直往下落，便要求到屋外聊去，说："远道来访，只在屋中闲坐岂不浪费时间，不如到屋外比试比试。"

首都医科大学宣武医院创建于1958年，是一所以神经科学、老年医学的临床与研究为特色，承担着医疗、教学、科研、预防、保健和康复任务的大型三级甲等综合医院，是新中国神经病学的初创基地之一。这里是培育我国神经病学医生的摇篮，经北京市卫生局和首都医科大学批准，先后成立了北京市脑血管病中心、首都医科大学脑血管病研究所、首都医科大学神经病学研究所、首都医科大学血管外科研究所、首都医科大学肺癌诊疗中心和北京市神经疾病医疗中心。

柯大把

就这样他俩穿过后屋来到一个小跨院儿，只见兵器架上十八般武器俱全，柯大把便对老和尚说："哪个兵器适手拿哪个。"老和尚挑了一条花枪，这时柯大把拿了一支蚊香，这支香长二尺，有小拇指粗。这种香是过去烟铺门口给过路人点烟用的，柯大把说："以武会友，点到为止，我就用这香吧。"两人就开始切磋，当香烧了三分之一的时候，柯大把收招定式，说："我用香戳着你的有咽喉、肚子、心窝、两肋七八处重要地方，若用真兵器你就回不去了。我们是以武会友，以后大家多亲近吧。"老和尚暗叫惭愧，同时也心服口服，两个人携手回到屋中，亲切攀谈起来。

后来老和尚回到少林寺之后告之方丈，从此大家都知道了："牛街真有好武术！"

现在向老人打听，还都知道早年间这里有个柯大把呢。

蜜香居

　　一天，康熙独自一人微服出了阜成门，走进一家名叫"蜜香居"的酒馆。这家酒馆顾客盈门，生意兴隆，楼上是雅座，专供王公显要、贵人公子宴饮；楼下卖的是大路饭菜，价格便宜。康熙迈步上楼，要了酒菜，边自斟自饮，边看着周围的动静，因为是饭点时分，一会儿就坐满了王爷公子，他们面前每一桌都摆满丰盛的酒席，可是很少有人动筷子。他们呷一口酒之后，就聊天的聊天，玩鸟的玩鸟，有的斗蛐蛐，有的骂大街……

　　一个旗人老头儿指着自己的鸟笼说：我这只百灵是花二十两银子买来的。另一个旗人说：我这只"交嘴"①能表演空中夺钱，就是出五十两银子也不能倒手！这些有钱人吃饱了、玩够了，喝得醉醺醺的，歪歪斜斜骂骂咧咧地就走了，留下那一桌桌的酒席，有的连筷子也没沾，原封不动摆在那里。酒馆

　　阜成门，元时称平则门。瓮城内东北角建有关帝庙。因为北京西面的门头沟一带是产煤之地，所以北京城所用的煤全是从阜成门那儿运进来的，要不怎么老阜成门的门洞顶上刻了一枝梅花，特别是那梅枝颇有画意。"梅"与"煤"同音，就是表示这个地方走煤车的意思。每当北风呼号，漫天皆白，烘炉四周之人皆赞："阜成梅花报暖春。"

　　①交嘴雀分为红交嘴雀、白翅交嘴雀，主要生活在松林地带，又名交喙鸟、青交嘴，属雀形目中的雀科。在中国见于东北南部以至长江下游及西南、西北部以至新疆等地。喜欢在鱼鳞云杉至奥冷杉林和黄花落叶松—白桦林中生活，经常结群游荡。

跑堂儿的把整盘整碗的酒菜,分类折箩②,剩肉倒进盆里,剩菜折在桶里,再端回厨房去。康熙一边看一边想:清兵入关刚刚五六十年,满族官员和八旗子弟就如此奢华靡费,吃喝玩乐,不图上进,这都是民族衰微、国家衰亡的征兆啊!

　　康熙付了酒钱,感慨万分地走下楼去。楼下,跑堂儿的正在大声叫卖:"刚出笼的肉包子!请尝一尝名满京师的'百味香'啊!"店堂里挤满了人,有的袒胸露臂,有的高挽裤腿,一看就知道是拉车、赶脚、背煤卖力气活儿的人。他们不吃饭也不喝酒,单等肉包子一出笼,就挤到跟前买上几个,站在一边吃完就走。一会儿一锅,几笼屉肉包子一抢而光。康熙看到这种情景,心里赞叹:这真个叫生意兴隆啊!他问身边的一个壮汉子:"为什么到这儿买包的人这么多?"壮汉子说:"蜜香居的肉包子个儿大,馅儿鲜,价钱便宜,比买别家的素馅包子还便宜,卖苦力的都爱到这儿来吃包子。"

　　康熙又回到楼上,找到酒馆掌柜,问他:"肉包子的价格这么便宜,不是赔本赚吆喝吗?"掌柜的见这个人龙眉凤目,不像是等闲之辈,就如实地告诉他:"我这个买卖,一天能赚几十两银子。可是我卖包子是不想赚钱的,就是为了吸引顾客,扬名声,闯牌子。我的钱都是从你们这些达官贵人身上赚来的。"他还告诉康熙:如今的满汉官员、八旗子弟,专爱摆谱儿讲排场,不计较花钱多少;只要伺候得让他们感到满意,给多少银子都不在乎;他们吃的都是"猫食"。看到康熙没明白,掌柜的继续说:"'猫食'就是说要来一桌酒席,吃不了几口,跟猫吃的一样多。回头把他们剩下的肉菜,分类加工,做成肉包子,不但成本低,还馅儿鲜、味儿美,这就是有名的'百味香'肉包子。干力气活的穷汉子,花不了俩钱,就能吃一顿饱饭,所以都愿意到我这来。"

　　康熙皇帝回到皇宫,提起御用的朱笔就写下"百味斋"三个字,

②折箩,天津方言,也作"合菜",吃完酒席后将没有动过的菜相混在一起。

又题署了"康熙XX年御笔"一行小字，派人送到蜜香居。酒馆掌柜的展开一看，见是皇上的亲笔题字，才想到：原来昨天那个龙眉凤目的人就是当今的天子。他当下就请人做了一块金字横匾，悬挂在店堂前，从此，蜜香居改成了"百味斋"，名气一天比一天大，生意也越做越兴隆了。

康熙为百味斋题了匾额，心里还惦记着那帮只顾吃喝玩乐的王公贵人。他派人到百味斋去查访，逐个记下了他们的姓名、官职和住址，来年春节，每户送给他们一副御书对联，写的是：

　　一粥一饭当思来之不易，
　　半缕半丝恒念物之维艰。

康熙想用皇帝的名义，教育和感化那些只图个人享乐、不顾天下安危的王公贵人。据说，有些人还真的变好了，但有些人还是老样儿，照旧醉生梦死地过日子。

康熙，名爱新觉罗·玄烨(1654—1722)，顺治第三子，在位时间最长的皇帝，在位共61年。康熙自幼勤奋好学，文韬武略样样精通，清除鳌拜、撤除三藩、统一台湾、平定准噶尔叛乱、慎选人才、表彰清官、修治河道、笼络汉族知识分子等行为，反映了他是一个出色和睿智的君主。

蜜香居

豫王府的院墙高三尺

豫王府原在北京市东城区帅府园东口。民国初年,美国人出资买下豫王府,改建成协和医院。据传在拆豫王府时挖出了金窖、银窖,光金银宝物的价值比美国人的出资和建院费用加在一起还要多。

豫王府的整体现在虽然看不全了,但老辈的北京人还常说起它。因为它建筑特别:一是它的府门前有一对石狮子,前爪屈伸,趴在地上,神态懒洋洋的,称为懒狮;二是它的院墙比别的王府院墙高三尺。为什么高三尺?这里有个讲头。

今日的帅府园胡同。

老豫王多铎为奠基清业曾立下汗马功劳，被太祖封为"铁帽子王"。所谓铁帽子王就是子孙后代辈辈为王，见了皇帝不参不拜，不接不送，因此也叫懒王。

多铎的第四代孙小豫王喜好下棋，乾隆也喜欢下棋，两个人棋艺都不错，棋找对手，将寻良才。乾隆皇帝经常到豫王府找小豫王下棋娱乐。

一次，乾隆又邀小豫王下棋。小豫王说："这次不能白下，得论个输赢，比个高低。我要是输了，您抠掉我一颗门钉。"

"那好。"乾隆皇帝说。

"您要是输了，得给我加一份俸禄，行吗？"小豫王提出要求。

"好！"乾隆在兴头上答应得也挺痛快。

条件讲好了，二人就摆开棋式，走马拨炮，攻防进退，拼力厮杀。乾隆胸有大略，着棋自如，攻防有序，长驱直入。小豫王着法高明，后发制人，稳扎稳打。二人全神贯注，各费心机，你攻我防，你杀我拼，几步棋下去，乾隆就将死了小豫王。

"这盘棋我输了，您抠我一颗门钉吧。"小豫王说。

第二局开局拼杀更烈。小豫王改变战术，由守变攻，中局以立马车战胜乾隆。

"您输了——给我加一份俸禄。"小豫王提醒乾隆。

"好。继续杀！"乾隆答应了。

乾隆和小豫王继续交战，二人相持不下，越战越激烈，只因棋

多铎（1614—1649），满族人，爱新觉罗氏，努尔哈赤第十五子，生母为清太祖太妃阿巴亥，与阿济格、多尔衮为同母兄弟。后金天命五年（1620）封为和硕额真，十三岁时，封贝勒，统正白旗，参与礼部和兵部政事。崇德元年（1636），封亲王。崇德三年（1638），因军前私自携带妓女，降为多罗贝勒。顺治六年三月，染天花疾亡，享年仅三十六岁。

豫王府的院墙高三尺

逢对手，各有胜负，对弈十盘，杀了个五比五平。

"我输给您五盘，您抠我五颗门钉。我赢您五盘，您给我加五份俸禄。"最后小豫王要求兑现承诺，皇帝是金口玉言啊，所以没辙，只好勉强答应。

豫王府位于东城区帅府园东口。豫亲王始王为清太祖努尔哈赤的第十五子多铎。多铎秉性刚毅，能征惯战。此后世代绵延有13个王承袭豫亲王爵位。后豫王府被美国人买去改建成了协和医院，一直使用到今。

等到乾隆回宫后，越想越不是味儿，心想：我赢他五盘，只抠他五颗门钉；输给他五盘，给他加五份俸禄。这我不是吃大亏了吗？不过乾隆皇帝灵机一动，于是传旨："朕也不赏你，也不抠你门钉。这样吧，朕准你府墙加高三尺！"府墙高低也是级别的表示，准加高府墙实际也是赏给荣耀。小豫王很高兴地接旨加墙。但是到了后来小豫王才明白，加墙实际上是把自己禁锢得更严实了。府墙和大狱的院墙一般，意思就是囚禁小豫王终身。

由此北京城就留下了"礼王府的房，豫王府的墙"的谚语，说的就是礼王府的房子多，豫王府的围墙高。

过街楼

早在清朝的时候,珠市口东大街有个"贵寿"棺材铺,还有个"浴尘轩"澡堂子。

有一天,棺材铺掌柜在"浴尘轩"和一个老头儿一边洗澡,一边聊天儿。两个人虽然不认识,可是挺说得来。老头儿问:"您哪行儿发财呀?"

"我是'贵寿'棺材铺掌柜的。如今呐,这买卖难做,手头没钱又没东西,唉!说话间这买卖也就倒了。"

珠市口位于北京宣武区,现在已经是北京一个非常著名的闹市口了,但是,在清代这条街叫做"猪市口",是专门从事生猪交易的市场。后来,大家觉得"猪市口"这个名字不雅,才采取同音换字的方法,改为现在的"珠市口"。

"就没别的办法了吗？"

"一点儿辙没有啊！"

……

洗完澡以后，掌柜的觉得和那个老头儿投缘，因此要帮他一起结账，老头儿说："哪能让您给钱啊？"掌柜的执意要给，说："哪儿不交朋友啊，再说这也值不了什么。"

过了一个来月，有一天"贵寿"棺材铺门口来了二十多车木头，真是马大车高，到了门口不由分说就卸车。

掌柜的赶紧跑出来说："诸位，诸位！您这是哪儿的东西往这儿卸呀？"

"这是您要的木料啊！"

"您别打哈哈了，我买卖都快倒了，要了我的老命也买不起这么多木料呀！"

"没错儿，就是您这儿的，还有条子呢，连车脚钱都给了！"

卸完木头，这伙人赶着车走了。掌柜的心想："今儿个这事真邪门儿，这是哪儿的事呀？"

又过了好长时间，一直没人来问这木头。掌柜的一想："咳，甭管谁的，不能看着饽饽挨饿呀，先用了再说！"于是就找木匠打棺材。

从此，棺材铺这买卖可就兴旺起来了。可是掌柜的心里还是纳闷，这是遇上哪位财神爷啦？忽

财神是道教俗神，相传正财神姓赵名公明，又称赵公元帅、赵玄坛，长安终南山人氏。后在道教神话中成为张陵修炼仙丹的守护神，玉皇授以正一玄坛元帅之称，并成为掌赏罚诉讼、保病禳灾之神。买卖求财，使之宜利，故被民间视为财神。其像黑面浓须，头戴铁冠，手执铁鞭，身跨黑虎，故又称黑虎玄坛。

老北京的传说（续篇）

然想起那天在澡堂子里碰见的那位老头儿,心说:"对!一定是我碰上老神仙了。如今我时来运转发了财,可不能忘恩负义,黑不提白不提,那算怎么做人的啊?"

他想来想去想盖座庙,可又没地方,最后想:我就在这街上盖个过街楼,里面供奉"财神爷"吧。于是他请来木匠,在两边是民墙、中间是走道儿的胡同里,盖起这么一座阁楼,来往行人都得从阁楼下头经过。人们可以天天见着"财神爷",还能看见阁楼上的旗杆吊斗。

过街楼盖好以后,香火挺盛,各买卖家、五行八作都来进香朝拜。过路的人走到这儿,也要停下脚步念念阁楼上那副楹联:

默佑一方恩已久,
处酬圣恩愿不虚。

横批:保佑一方。

此图为琉璃渠过街楼,建于乾隆二十一年(1756),该楼坐西朝东,楼台上是三开间阁楼,里面供奉文昌三官,所以又称为三官阁。其主体由毛石砌筑,青砖起券,楼台宽约9米,高约3.5米。因地处烧制琉璃构件的村中,所以它的匾额也用琉璃烧造。正面书"带河",背面书"砺山"。由于当地经济条件优越,过街楼的建筑从材料到用工几近完美。从构图到烧制工艺,可称是中国琉璃艺术的巅峰之作。

过街楼

这件事轰动一时,后来竟传到了宫里,惊动了皇上。皇上便派了一位御史来参拜"财神爷"。

这御史心想:我是官,却来拜这么个小庙神像,着实不痛快,但圣命难违啊。御史只好率领众官员来到过街楼,焚香已毕,纳头便拜,马马虎虎地走个过场。只这一拜,却出了大事,只见阁楼窗户里蹿出一道火光,向天空飞去。御史"哎呀"一声,定了定神儿:"看样子还看不起我啊,来人,把那阁楼给我拆了。"这下可热闹了,周围的老百姓一起跪倒,要求保留这个财神庙,这个御史也怕事情闹大了,让皇上知道不好,于是就说:"不拆庙也可以,但为了惩戒此小神,将旗杆吊斗锯下来!"虽然百姓们怨声载道,可惜没有办法,后来听说那个御史没过多久就得了一场大病死了,老百姓更是相信这里的神明灵验了。

从此以后,这过街楼上就没有了旗杆吊斗,但香火却一直不衰,香缘络绎不绝。

神路街

下面来看看北京城东的典故,朝阳门外"神路街"这个名字由来已久,就说说它吧。

话说当年,清军正黄旗中有个都统领,身材魁伟,勇武过人,一把宝剑更是使得精彩绝伦。两军对阵中,曾斩杀了数十员明朝大将,立下了赫赫战功。顺治皇帝特下旨,钦赐黄马褂,封为一等伯,并命他率亲军镇守朝阳门。可是这个一等伯,生性暴虐凶残,常常以剿贼为名,突然领军洗劫一街一巷,将无辜百姓尽行残杀。更有甚者,以淫人妻女为乐事。

这一禽兽不如的恶人,引起了武林豪杰的极大愤慨。武林高手们相继潜入一等伯府,去擒杀这一恶官。可惜这个恶官的武艺实在高强,前去行刺的好汉,均丧生于他的宝剑之下。此后,这个一等伯气焰愈发嚣张,方圆几十里的百姓无不身受其害。

这一夜,月淡星暗。一黑衣人飞身过墙,进入了一等伯府。他听

正黄旗军旗　　镶黄旗军旗
正白旗军旗　　镶白旗军旗
正红旗军旗　　镶红旗军旗
正蓝旗军旗　　镶蓝旗军旗

满洲八旗的主体是骑兵,他们的普通士兵分为三个等级——马兵、战兵和守兵,军饷依次降低。普通的满洲八旗中,蒙古八旗男子十岁开始每三年可以参加考试,达标为守兵,享有军饷,以后每三年可以参加晋级考试,考试合格升入高一级,增加军饷。马兵、战兵和守兵是等级而不管你是否骑马。以正黄、镶黄、正白为上三旗,正红、镶白、镶红、正蓝、镶蓝为下五旗,并按方向定该旗的位置。以镶黄、正白、镶白、正蓝四旗居左,封称左翼。正黄、正红、镶红、镶蓝四旗居右,封称右翼。

到从一座院落中传出女子的哭声，便寻声找了过去，走到窗根底下用舌尖舔破窗纸一看，只见大床上绑缚着两个年轻女子，一等伯正淫笑着撕扯她们的衣衫。黑衣人双眼精光暴射，轰然一声，破窗而入，手中宝剑如影随形直取一等伯的咽喉。这狗官不愧是久经战阵的大将，一个铁板桥躲过了这一剑，顺手抓起床上的宝剑赤身裸体地与黑衣人大战起来。

黑衣人一连七八剑，剑剑狠辣，一等伯使出浑身解数，格开黑衣人的宝剑，翻身撞破门窗滚到院中，沉气宁神，像只大黑猩猩等待着厮杀。黑衣人将宝剑舞起，一团寒光滚滚而来，一等伯宝剑"唰"地一划，直取黑衣人的中路。"呛"，宝剑相交，龙吟凤鸣……此刻的满营清兵已被惊醒，灯笼火把将一等伯府照得通亮，几个清军将领欲拔剑相助，却插不上手。黑衣人与一等伯直从午夜战至黎明，两人汗流浃背。忽地，黑衣人将剑在一等伯面门上一晃，"嚓"的

今日神路街上的东岳庙，原是道教正一道在中国华北地区的第一大丛林。目前，该庙已建立起了北京民俗博物馆。

一声削在一等伯屁股上，痛得他哇哇大叫。他瞪着血红的眼睛，反手劈开黑衣人的宝剑，挥剑直取黑衣人的心窝，黑衣人一错步，肩头中剑。这时黑衣人一剑横扫，使了个败中取胜，将一等伯截为两段。就在满院清兵目瞪口呆的时候，黑衣人腾身而起，脚尖一点墙头，飞身而去。清军官兵这才如梦初醒，一声呐喊，混乱地追了出去。只见黑衣人的一团身影直奔进一个死胡同。这个死胡同左、中、右三面都是光溜溜的墙皮，就是猴子也爬不上去。清军官兵堵住胡同口，万箭齐发，他们想，黑衣人就是钢筋铁骨也要被穿成蜂洞。可当清军官兵拥进胡同后，看到的只是插满羽箭的墙壁，黑衣人早已没了踪影。

忽然，有人大声惊呼："快来看呀！"人们都朝他那儿跑去。原来，在他站着的那处墙脚下有滴滴鲜血，墙壁上赫然刻着"行恶者，自绝于人"几个血红大字。清军官兵吓得都惊呆了。

这一惊天动地的大事传遍了大街小巷，百姓们纷纷焚香磕头，说是天神下凡，惩办了恶人。顺治皇帝闻报后，很快查明了一等伯的歹行，下旨将其弃尸行市，满门抄斩，并御题黑衣人消失的那条街为"神路街"。

羊肉胡同挖宝贝

老北京的羊肉胡同至少有四条,一条在西四缸瓦市,一条在前门外大栅栏,一条在广安门牛街,一条在菜市口。这四条羊肉胡同里卖没卖过羊肉难说,可其中一条羊肉胡同里却卖过假消息,而且被骗的还是一向以精明、会打小算盘著称的大军阀阎锡山。

1928年至1930年,阎老西在北京执掌军政大权,1928年2月,他被蒋介石任命为国民革命军第三集团军总司令,3月,国民党中央政

本文的羊肉胡同是北京最有名、历史最悠久的一条。它东西走向,连接太平桥大街与西四南大街。这是一条自元朝就有的胡同,是大都城三大闹市之一(另两处分别是钟鼓楼和东四南灯市口大街)。如今的羊肉胡同7号院已经消失,成为地铁4号线西四站出口了。

老北京的传说(续篇)

治会议又任命他为政治会议太原分会主席和北平分会代主席,还兼任了平津卫戍总司令。

　　1929年4月的一天,位于铁狮子胡同的司令部来了一个老太监赵荣生,此人原是在宫中伺候末代皇后婉容吸食鸦片烟的专职太监,冯玉祥把溥仪撵出皇宫后,婉容跟着溥仪去了天津,此君无事可干,只好寄寓在北长街万寿兴隆寺中。阎老西入住北京后,这一天此老太监就拿着一尊玉观音佛像来见阎老西,说他在西四羊肉胡同7号买下了一处宅院,此宅原来是道光年间京城九门提督福元居住过的,无意间他在老宅院里挖出了这尊玉观音。阎老西一听就琢磨开了,既然随便一挖就能挖出一尊玉佛,那么地下的宝贝肯定还有不少。财迷心窍的阎老西马上就花5万元将这尊玉佛买下,又花3万元将羊肉胡同7号的那处宅院也买了下来,随后就秘密筹划派兵掘宝事宜。为了防止受骗,他还专门派人看着赵太监,防止他逃跑。

　　从此以后,阎老西就天天蹲在房子里等着挖宝的消息。等了一

万寿兴隆寺在西城区北长街路西37号,紧邻紫禁城西华门,与福佑寺隔街相望。该寺原为明代的兵仗局佛堂,清康熙年间几度重修,并于康熙三十九年(1700)奉敕改为万寿兴隆寺。今临街山门所嵌"万寿兴隆寺"石额,即为康熙御笔。寺坐西朝东,原规模较大,西至中南海,北至庆丰司,南临后宅胡同,有东向殿二进,南向大殿四进,加之各殿的配殿,共有房舍200余间。今已改为民居,原有匾额已不存,但建筑格局未变。1949年后,该寺曾作为清末太监的集中住所,其中不乏较有学识的老太监,留下了一些有关清宫轶事的笔记。

羊肉胡同挖宝贝

阎锡山(1883—1960)字百川(伯川),汉族,山西五台县河边村(今属定襄)人,早期参加同盟会,组织与领导了太原辛亥起义。民国时期,历任山西省都督、督军、省长、北方国民革命军总司令、国民党中央政治委员、军事委员会副委员长、太原绥靖公署主任、第二战区司令长官、山西省政府主席、国民政府行政院长、一级上将。1949年前夕去台湾,卸职后避居阳明山著述至去世。

天又一天,整整四个星期过去了,一个排的士兵将这个院子挖了个底儿朝天,可连个铜子也没挖出来。一个排的兵好吃好喝地供着,还得雇车将挖出来的土拉出院子,算下来连买佛带买房,阎老西已花去10余万大洋了。这时他才琢磨出点儿味道来,想起找那个老太监问罪,可谁知那老太监早就骗过监看人员,秘密逃出城去了。

一辈子以会算账不吃亏闻名的阎老西这才知道自己被人涮了。原来,那个老太监想把自己的旧房高价卖掉,就下了这么个套儿来套阎老西,谁知道还真把阎司令给套上了。

他咽不下这口恶气,可这气往哪儿撒呀?没法子,只好派兵到万寿兴隆寺里,把大小太监一顿臭揍,这才稍稍觉得安生了一点儿。

老北京的传说(续篇)

前门外的关帝庙

北京前门外有两座关帝庙。通常，关帝庙供的都是关羽的塑像，可前门外的关帝庙却供过洪承畴的塑像，这是为什么？

原来，在明朝崇祯年间，洪承畴出任蓟辽总督，与皇太极多次交战，双方互有胜负。崇祯十四年，从东北忽然传来了洪承畴战死的消息，一时间北京城里像炸开了锅，百姓们个个心慌，纷纷准备逃难。皇宫里的崇祯皇帝更是惶惶不安，但是为了给文武百官打气壮胆，他表面上还要装出一副稳坐金銮殿的样子。所以，在接到洪

此图为福建通淮关岳庙，位于泉州市鲤城区涂门街，俗称涂门关帝庙，主祀关羽，1914年增祀岳飞，故改现名。是祭祀文（孔子）武（关羽）圣的著名古迹，也是福建省现存规模最大的武庙。现存庙宇为1927年重修，1986—1990年再次进行全面整修。庙坐北朝南，由武成殿、崇先殿、三义庙三座并排的庙宇组成，均为三进，建筑面积1300多平方米。

承畴阵亡的消息后,他立刻下了一道圣旨:全国为洪承畴致哀,并在北京为洪承畴塑像,供奉在前门外的一座关帝庙里。

圣旨一下,工部立刻照办。他们从关帝庙里请出了关羽大帝,找石匠立刻动工塑洪承畴的像,经过一个多月才把像塑完。这一天,崇祯皇帝率领文武百官来到关帝庙前,人人戴孝,全朝举哀。正在这时,和洪承畴一起作战的随军太监从东北清营里逃出来,回到了京城。听说皇上为洪承畴修了祠堂,他急忙赶到前门外,向崇祯皇帝禀报了事实。原来洪承畴并没有死,而是投降了清军。崇祯一听,当时就气昏了,立刻命石匠把塑像毁掉,然后气哼哼地返回宫去。崇祯走后,洪承畴投降的消息立刻传遍了北京城,百姓们纷纷来到前门外的关帝庙,把打碎的雕像丢进了茅坑里,让他遗臭万年。

洪承畴降清后,不仅立了许多战功,还给皇太极出了不少点子,从而加速了明朝的灭亡。顺治入关后,在北京登上了金銮宝殿,大赏文武百官。在汉族官员中,洪承畴是功劳最大的一个,所以封他为当朝一品。

清军入关后的第一个春节,北京城里鞭炮整整放了一夜。大年初一一大早,洪承畴和妻妾们睡得正香,忽然守门的亲兵跑进了卧室,手里拿着一副墨迹未干的对联,交给了洪承畴。洪承畴接过对联一看,脸登时涨得像个紫茄子,他气急败坏地问:"这对联是从哪里来的?"亲兵说:"今晨刚敲过五

洪承畴,字彦演,号亨九。先仕明,于松山之败后降清,是明末叛臣之一,但也是清朝定鼎中原的重臣。出生于万历二十一年(1593)九月二十二日,福建泉州府南安县二十七都英山霞美乡(今英都镇良山村霞美)人。康熙四年(1665)去世,享年73岁。赠少师,谥文襄,赐葬京师,立御碑。

更,我到门外巡视,看见府门口的对联上又有人在贴对联,我就大喊一声追了过去,那人看见我,顾不得贴好就逃走了。"

再说洪承畴为什么看到对联气成这样?原来那副对联写的是:

忠义孝悌礼仪廉,
一二三四五六七。

上联无"耻",下联忘"八",这分明是骂洪承畴是无耻的王八,他能不生气吗?

天安门前的华表

在清朝咸丰年间，英法联军攻进北京城，把举世闻名的万园之园——圆明园烧成一片废墟，而圆明园安佑宫的四根华表，有三根就被移到燕京大学①，另外一根先被运到天安门前，后又转到北京图书馆院内保存。最后从燕京大学运出一根与北京图书馆保存的一起放到了今天我们所看到的天安门外金水桥南。

关于这对华表，民间还有这样一个故事。

从前，清朝有种营造厂，也叫木厂子，专管给皇家修建宫殿、园林、陵寝。

有一年，皇上要在天安门前立一对华表，皇差就交到一位勘估大臣手里，大臣就去找这木厂子的老板，让他承办这项工程。

这个木厂子掌柜的，自小是石匠出身，他不光手艺好，眼力也强。既然皇上吩咐下来了，那就要用上好的大条石料啊。不用说，选料的事就得他亲自出马。因此他

①燕京大学，就是现在北京大学的前身。

文章所介绍的华表就在北京大学西门内。原置于圆明园安佑宫，"安佑宫前有琉璃坊，左右华表各一"，燕京大学建校初期移此，清末民初崇彝《道咸以来朝野杂记》载："鸿慈永佑，在月地云居之后，循山径人，其中为安佑宫，乾隆七年建，其前琉璃坊三座，左右华表刻云气，甚精巧。"据此，华表应制于1742年。

一头就扎进南方的深山中，跑遍了那里的山山水水，虽说石料不少，可都没有合适的，他又来到了北方，看看各地采石场里也没有那么大的石料，最后到了山西，在五台山下，找到一块很大很沉的石料，要八百匹壮骡子来拉，拉车的绳子得有碗口那么粗，这石料纹路清晰，易于雕刻。这个掌柜的很高兴，心想：如用这个石料，雕刻完一定很气派。于是他赶紧跟地方官说了，立刻找来八百匹壮骡子。赶牲口的是个老把式，他一路叫着号子，一路赶着骡子，浩浩荡荡，向北京城赶来，沿路有好多人都跑来看。大石头拉到了天安门，才卸下了套。

　　大石料在天安门前像座小山一样，谁看到都说这个石料是难得的好东西，又大又完整。可那个年月，木厂子承办一件皇差，要层层送钱送礼。掌柜的性情耿直，不喜欢这种歪门邪道，所以就没有送礼。没得到油水的那些大臣就怀恨在心，给皇上递了个折子，说弄来的是残料，石头下面有道裂缝。

　　皇上一见折子，那还了得，他要修什么东西当然都必须完好无缺，怎么能弄成这样？于是就叫勘估大臣务必在八日内查明此事。

　　掌柜的知道有人背后使坏，七天七夜都愁眉苦脸，没能合眼，眼看限期快到，脑袋就要搬家了，好不容易才找到他的一个老朋友——一位石匠老师傅。

古代宫殿、陵墓等大型建筑物前面做装饰用的巨大石柱，是中国一种传统的建筑形式。华表一般由底座，蟠龙柱，承露盘和其上的蹲兽组成。柱身多雕刻龙凤等图案，上部横插着雕花的石板。华表是一种标志性建筑，已经成为中国的象征之一。华表用于放在宫殿、陵墓外的道路两旁，也称为神道柱，石望柱，表，标，碣。此图拍摄于大连星海广场。

天安门前的华表

老师傅听了这件事,哈哈一笑。

木厂掌柜的说:"老兄,眼看我要被抄家灭口了,你还笑什么?"

老师傅说:"别忙,我自有办法对付。北京城里我有七十二个徒弟,赶明儿把他们都喊来,一人拿一杆铁锹,到天安门前去翻石头!"

木厂掌柜的更着急了:"他们是存心找碴的,这有什么用啊?"

老师傅说:"放心吧,我保准你没事,先回去吧,咱们明儿见。"接着就在掌柜的耳边说了一阵,这时掌柜的才露出笑脸,赶紧作揖回家了。

第二天,要翻石头了,天安门前围了一大堆人,有勘估大臣、监工大臣、木厂掌柜的、老师傅和他的七十二个徒弟,还有许多工匠和百姓。

监工大臣对着掌柜的和工匠们说道:"尔等听着,我奉上谕,前来查看石料,你们把石料翻过来,我要亲自过目,如果石头有裂缝,你们谁也别想活了!"

北京大学以中国最高学府的身份创立,身兼中国最高学府与国家教育部的双重职能,是中国古代最高学府在现代的延续。自建校以来一直享有崇高的名声和地位,可谓"上承太学正统,下立大学祖庭"。它是目前中国综合实力最强的大学之一,是国家首批"211工程"和"985工程"重点建设的大学,理科、文科、社会科学、新型工科和医学学科都是它的强项。

老北京的传说(续篇)

这时老师傅站出来，不慌不忙地说："石料翻过来有裂缝，我们掉脑袋！要是没有裂缝呢？"

"没有裂缝，恕你们无罪。"

"石料不好翻，万一石料没事，被这么一翻，翻坏了怎么办？那要拿你的脑袋去交代，怎么样？行的话，大家来立字据、说清楚！"

监工大臣一想：我叫他们翻只是想榨些油水，谁知道他们当真了，好家伙！万一翻成两瓣了，我钱捞不着，脑袋瓜子先搬了家，这可划不来！他寻思了半天，还是不敢立字据。

最后，监工大臣对老师傅细声细气地说："我也仔细看过了，石头上确实没有裂缝，你们赶紧动工吧。"

就这样，一场风波过去了。没多久，这对盘龙华表就立了起来，果然如当初所想一样高大华丽。

唤君出和望君归

进入天安门，映入眼帘的是一对华表，它上面的石犼面朝北方，望着紫禁城，古人称它们为"唤君出"。而天安门南面的一对石犼面朝南方，称为"望君归"。大家会问：石犼就是石犼，怎么它俩还有另外的名字呢？

传说，有一年，北方大旱，但官府还要抓壮丁，老百姓白天到处啼饥号寒，一到夜里，更是哭声遍野。可是皇帝根本不闻不问。从他登基以来，就没有理过国事，整天整夜地在后宫和妃子们饮酒下棋，寻欢作乐，还叫宫女们歌舞陪伴。大臣们上朝，也见不到他，只好把奏折摆在龙书案上。天长日久，龙书案上的奏折堆积如山，老鼠都在那做起了窝，蜘蛛也在上面拉起了网。

老百姓呢，哭声越来越大，一直传到了皇宫。这天，皇帝正和妃子们游戏，忽然听到一阵阵哭声，心里十分烦恼。开头他以为是哪个宫女在哭，就让太监去查。太监们东找西找，最后跑到宫门外一

犼，俗称"望天吼"、"朝天吼"，传说是龙王的儿子，有守望习惯。华表柱顶之蹲龙（即朝天吼）对天咆哮，被视为上传天意，下达民情。此图为北京大学西门内华表顶部的朝天吼。

听，才知道哭声是从紫禁城外传来的，马上告诉了皇帝，皇帝被打消了兴致，马上传旨：谁再啼哭就杀谁的头！百姓们听到圣旨，只好忍气吞声，偷偷地哭泣。

过了好些天，哭声又传来了。不过这次的哭声好像是从高处传下来的，皇帝一听又火了，让太监去找，找到后就地正法。太监们找啊找啊，哪也找不到，后来到了承天门，一看是城楼上的吻兽在哭。这是怎么回事？原来吻兽见老百姓受的那苦，流的那眼泪，自己也止不住心酸地哭了起来。

那时的承天门城楼高九丈九，有三十六个窗门。其中在城楼的正脊两端各有一个，垂脊四个，岔脊四个，所以有"九脊十龙"之说，意为每天有十条龙守望宫殿。而其中的鸱吻最会哭，一哭起来悲悲切切的。

太监回到宫里把这事禀报了皇帝，皇帝气道："去把那个鸱吻给我抓来！"太监们忙爬上云梯去抓鸱吻。但刚一靠近，鸱吻"忽"地变成一个披发鬼，"腾"地一下就跳出紫禁城，太监们追出紫禁城，不见鸱吻，只见穷苦百姓在城根下哭哭啼啼。太监们回去跟皇帝说："天下太不安定了！"皇帝听后大发雷霆地说："我是承天启运的皇上，天下怎么能不安定了？"太监们说："是不安定，不信，请您出城看看。"

"看什么，不就几个百姓在哭吗！把承天门改成天安门，天下不

天安门北面的石犼面朝北方，称它们为"唤君出"。

唤君出和望君归

就安定了！"

就这样，承天门改成了天安门。皇帝还是和后妃们鬼混个没完。

这时，华表上的两个石犼实在看不下去了，就同时呼喊起来："君主啊，君主，你不要老待在后宫了，你应该赶快出去，看看你的百姓啊！"

呼喊了一阵，皇帝还是不听，两个石犼就又使劲叫起来："君主啊，君主，你快出宫看看吧！"

皇帝实在叫两个石犼吼得心烦了，就走出了宫殿。从此这华表上的两个石犼就被叫成"唤君出"了。

再说皇帝不是出宫了吗，见到百姓在城根哭泣，就下令把他们都驱散，心想：在宫里也是待腻了，正好去江南转转，玩个痛快！于是就带着随从出发，也不知道走了多久，这一天终于到了江南。

这时，正值春天，江南一片山清水秀，鸟语花香。皇帝逛完扬州，又到了苏州，逛完苏州，又到了杭州。什么瘦西湖、拙政园、苏堤、白堤，越玩越开心，同时还有歌妓美女陪伴，皇帝早就不想回去了。

就在同时，北方被饿死的人更多了，正直的大臣和老百姓都盼望皇帝能赶紧回来替他们做主。而天安门前面华表上的石犼呢，也在伸着脖子望向皇帝出走的地方。时间慢慢过去了，这石犼实在等

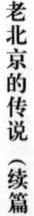

天安门南面的石犼面朝南方，称为"望君归"。

不到皇帝回来，就冲着南方大吼：

"君主啊，君主，你太荒唐了！你再不回来，你的国家就要灭亡了！"

这声音震天动地，随着水浪云起，传到了南方。皇帝听到了，终于回到了京城，最后在众多大臣的劝说下，开始审理朝政，国家也渐渐恢复了正常。

老百姓为了纪念这几个石犼的功劳，就把天安门北面的一对华表上的石犼叫做"唤君出"，把天安门南面的一对石犼叫做"望君归"，而华表也叫做"望柱"了。

鸱吻，中国古代建筑屋脊正脊两端的一种饰物。相传它是龙的九子之一。形状像四脚蛇剪去了尾巴，这位龙子好在险要处东张西望，也喜欢吞火。相传汉武帝建柏梁殿时，有人上书说大海中有一种鱼，虬尾似鸱鸟，也就是鸱鹰，说虬尾是水精，喷浪降雨，可以防火，建议置于房顶上以避火灾；于是便塑其形象在殿角、殿脊、屋顶之上。此图拍摄于琉璃渠，为维修天安门时所用正吻。

唤君出和望君归

长春宫的仙鹤[1]

说完了天安门，下面我们再往北走，进到紫禁城里，说说那里发生的有趣故事。

故宫里有东、西六宫，而长春宫为内廷西六宫之一，位于咸福宫之南、翊坤宫之西，它是明清两代后妃居住的地方。长春宫的前面有一只铜仙鹤，这只仙鹤左腿上有一块箭伤，到现在还没有好。这是怎么回事呢？

这只仙鹤原来是一只野仙鹤，飞到皇宫，想讨乾隆皇帝的好，就老围着乾隆转。有一天，它在长春宫前见到乾隆，就把自己的脖

---

[1] 原来的传说是《储秀宫的仙鹤》，但笔者亲往故宫求证时发现，储秀宫前并无铜鹤，只有金龙和铜鹿，倒是长春宫前有两只昂首看天的铜鹤。而且，关于储秀宫的故事更多是与慈禧太后有关，而乾隆的孝贤纯皇后曾居住过长春宫。因此，笔者大胆将传说的地点改为长春宫，其他内容尽量少删改，特此说明。

长春宫，内廷西六宫之一，明永乐十八年（1420）建成，初名长春宫，嘉靖十四年（1535）改称永宁宫，万历四十三年（1615）复称长春宫。清康熙二十二年（1683）重修，后又多次修葺。咸丰九年（1859）拆除长春宫的宫门长春门，并将太极殿后殿改为穿堂殿，咸丰帝题额曰"体元殿"。长春宫、启祥宫（太极殿）两宫院由此连通。

老北京的传说（续篇）

子伸得长长的,说:"万岁爷,您是天下最有洪福的皇帝。我从南山飞来,是特意来侍奉您的。"乾隆看看它,心想这是哪来的一只野鹤,于是没有理睬就要走。那仙鹤见乾隆走了,就急忙追了上去,又深深地打了一躬,说:"万岁爷,万岁爷,我可以给您打更护驾。"乾隆又看了看它,不耐烦地说:"那你就在长春宫前站着吧!"从此以后,它就在长春宫门前站下了。

可是,乾隆是个跑跑颠颠的皇帝,他在宫里根本待不住,老想到南方去。没过多久,他带上随从到南方去了。在南方,他最乐意去的地方就是杭州。他还好打猎,到那里以后,每天带着弓箭,看见山鸡、野兔,就打个没完。

乾隆一走,这只野仙鹤也待不住了。它想:乾隆下了江南,我在这打更有什么意思,他又看不见我,我何不飞到南方去,一方面去护驾,另一方面,在他眼皮底下,总能讨得他的喜欢。它想到这里,就伸伸脖子,理理羽毛,出了皇宫,向杭州飞去。

这天,乾隆正在打猎,他穿的是便服,骑着高头大马,带着弓箭,后边跟着一些随从。野仙鹤一见,心想,这可是个好机会,我上前给万岁爷这么一拜,说我是来护驾的,然后再飞着给他引路,一定会讨得他的欢心。想到这里,它就迎面向乾隆飞来。乾隆一看,来

清高宗爱新觉罗·弘历(1711—1799),通称乾隆帝或乾隆,是雍正帝第四子。属兔,生于康熙五十年八月十三,卒于嘉庆四年正月初三,终年89岁,葬于河北裕陵(今河北省遵化市西北)。乾隆于雍正十三年即位,为清代入关第四帝。

长春宫的仙鹤

了只大鸟,正好试试箭,顺手抽出一支箭,搭上弓,"嗖"的一声,就射了出去。野仙鹤一看,可吓坏了,赶忙说:"万岁爷,是我,是我。"可是,乾隆的箭早已出去,正好射在它的左腿上,这只仙鹤一下就栽了下去。乾隆的马赶到跟前,野仙鹤连忙叩头,说:"万岁爷,我是特来护驾的。"

乾隆仔细一看,原来就是那只野仙鹤,立时就来了气:"我叫你在长春宫打更,谁要你来护驾!给我滚!"这野仙鹤一看,二话没敢说,夹着尾巴就又飞回来了。

到了皇宫,野仙鹤就又立在长春宫门前,可是左腿上老是带着这么一块伤。谁看见都说它是献媚不成,自讨没趣。直到今天,它还是摆手弄姿地站在那,而那块箭伤也还在它的腿上呢!

巧补故宫九龙壁

在故宫皇极门的南侧，有一座建于清朝乾隆年间的九龙壁，设计精巧，造型独特。壁上的九条龙神姿各异，腾跃于祥云之中，鳞光闪烁，栩栩如生。如果您仔细查看，会发现从东边数第三条白龙身上的一块琉璃瓦与众不同，因为它是后补上去的。

这建九龙壁可不是一般的工程，讲究多、难度大，必须要找那些技艺高超的人才行。工部大臣选来选去，最后选中了一个叫马德春的工匠。这马德春烧制琉璃瓦十几年了，手艺高超。他自己又选

九龙壁是影壁的一种。即建筑物大门外正对大门以作屏障的墙壁，俗称照墙、照壁。影壁是由"隐避"演变而成。门内为"隐"、门外为"避"，以后就惯称"影壁"。目前，国内有四座九龙壁（山西大同市，江苏无锡市各有一座）。其中紫禁城内的九龙壁与山西大同、北海公园的合称"中国三大九龙壁"。此图为故宫皇极门南侧的九龙壁。

了几十位工匠,准备第三天开工。

　　干活前,他向工匠们讲了烧制彩色琉璃瓦的要求。他说:"烧制彩色琉璃瓦对材料的配比和火候的掌握,非常讲究,要是掌握不好分寸,烧制一件琉璃成品,就得有十来件废品作为代价。大伙要多留心,千万别出差错。"说完就带着大伙儿干了起来。他们费了九牛二虎之力,足足烧了七七四十九天,总算烧制成了。

　　拼装这天,皇极殿门前人来人往,工匠们有条不紊地忙碌着。突然一声清脆的响声,吓了马德春一跳。他来到出事地点一看,一个小工匠呆呆地站在那儿,直勾勾地盯着摔碎的一片琉璃瓦。马德春小心翼翼地把碎琉璃瓦片拼凑在一起,仔细地看了看,再看看照壁上的缺口,低声对周围的工匠说:"这事儿对任何人都不能讲,谁要是吐露一个字,咱们大伙可都有杀身之祸啊!"

　　在回家的路上,马德春的心是七上八下,他想:重新烧制那片琉璃瓦是来不及了,延误工期的罪名担当不起,可是另打主意来补

此图所示为九龙壁上东起第三条白龙,看出哪里不同了吗?如果图片看不清楚,那就只好请您亲自去实地考察一番了。

救又要冒着欺君之罪呀！眼看没几天就要交工了，他索性把心一横，等死不如闯一闯。到家后，他茶不思饭不想，不管谁来也不见，一个人来到小仓房，把门窗挡严，悄悄地自制起"琉璃瓦"来了。

九龙壁完工的消息，及时上奏给了皇帝。第二天，乾隆就带着几位大臣前往观看，刚一进锡庆门就看到那座栩栩如生的九龙壁。走近再一细看，那九条龙吞云吐雾，就和真的差不多。乾隆皇帝顿觉满目生辉，不住地赞叹。他走到壁前，仔细欣赏巨龙身上的每一片琉璃瓦，从东到西，一条龙一条龙地观看。跟在人群后面的马德春心都快提到嗓子眼了，头上冒着汗，腿有些发软。那乾隆来回看了三遍，真是从心里喜欢，连连称赞马德春的手艺高超，并重赏了他五百两银子。送走了乾隆皇帝，马德春那颗悬着的心才算落了下来。要问马德春为什么提着心呀，因为他移花接木巧补了九龙壁。

原来为了补上小工匠摔碎的那片琉璃瓦，马德春费尽了心机。他用了两天两夜的工夫，硬是用上好的楠木雕成了龙的一小块身

锡庆门位于内廷外东路，是宁寿宫区西南隅的大门。锡庆门外是一片开阔的空地，沿宫墙向北为俗称之"东筒子"路，南侧有外奏事房6间，西南、西北分别是箭亭和奉先殿，再向西则为景运门。锡庆门内为一东西窄长的小广场，东侧有敛禧门与之相对，北为宁寿宫之正门皇极门，南为九龙壁。由此可见，锡庆门乃联系宁寿宫与紫禁城各处的重要枢纽。

巧补故宫九龙壁

子,并在乾隆带着王公大臣前往观看的头一天,匆匆忙忙地安装上了。这要是让皇上知道了,可是欺君之罪呀!

而今您若有机会游览,来到九龙壁前,从东边数第三条白龙的身上有一块琉璃瓦,就是当年马德春用楠木雕成的。您不妨仔细地找一找,看看各位的眼力如何。

中山公园的龙睛金鱼

要说起兴趣爱好,现在的人有很多种,古玩啊,邮币啊,宠物啊,航模啊,甚至汽车,等等。但在古代,人们可没有这么大的可选范围,赏鱼就算是一个比较高雅的兴趣了,今天我们就来说说这金鱼。金鱼有很多种,有一种是我们北京的特产——龙睛金鱼,就是两只眼睛凸着,肚子大大的,尾巴像个扇子。下面就来说说这个龙睛金鱼的故事。

传说,龙睛金鱼原来可不是这个样子,它们是一群金色鲫鱼,和金龙一起,愉快地生活在天上。

中山公园位于天安门西侧,面积22余公顷。原为辽、金时的兴国寺,元代改名万寿兴国寺。明成祖朱棣兴建北京宫殿时,按照《周礼·考工记》中的"左祖右社"制度,改建为社稷坛。这里是明、清皇帝祭祀土地神和五谷神的地方。1914年辟为中央公园。为纪念孙中山先生,1928年由冯玉祥部下、时任北平特别市长何其巩等爱国人士改名中山公园。

一天，金龙带着这群金鲫鱼在白云中游戏，你追我赶，好不高兴。就在它们玩闹的时候，突然发现一块云彩稀薄的地方，透过云朵，下面是一片朱檐碧瓦，金碧辉煌。再往前看，有一片鱼池，波光粼粼，都能照出影子。这时有条金鲫鱼叫道："快看，把咱们都照进去了，这水可真好，咱们到那里玩会儿。"于是这些金鲫鱼都跳到池塘里玩起来。

从此以后，它们经常来这里玩，因为太喜欢这里了，最后干脆把家也安到了这里。于是，池塘里有金色鲫鱼的消息就传到了皇宫里，有人就向皇帝说，这金鲫鱼的眼睛是好东西，上等的补品，可以益寿延年。这皇帝一听，可高兴了，认为是上天赐给他，让他长命的，于是就吩咐手下说："把这些金鲫鱼都给我捞出来，我要吃它们的眼睛。"

很快，手下的大臣和太监就来到了鱼池边，金鲫鱼们正在开心地游玩，突然见一群人下了张大网，于是赶紧都游到水池深处躲了起来。这伙人捞了半天也没捞着，就回去报告了皇帝，皇帝十分气恼，责骂了一顿，又换了另一拨儿人捞。就这样一连三天，这拨儿人还是没有捞到一条金鲫鱼。最后他们坐到水池边唉声叹气，谁也不敢回去。一条金鲫鱼好奇地游出来问他们："你们太讨厌了，为什么老来打扰我们啊？"这些人无奈地说："这是皇帝的圣旨，我们也没有办法啊，皇帝听说吃了你们的眼睛可以长寿，就派我们来捞你们了。"这条金鲫鱼听完吓坏了，赶忙游回去，把这个消息告诉了大伙儿。其他金鲫鱼听了都愤恨不已，决定去找皇帝问个明白。就这样，它们一个个跳出水面，乘着白云，来到了皇宫里。

皇帝这时正坐在金銮殿上等大臣捞鱼回来，突然看到金鲫鱼一个个地出现在他眼前，他可高兴死了，心想：这倒不错，省得我去捞了，它们自己送上门来了。我可要大吃一顿！于是，他笑嘻嘻地说：

龙睛鱼是龙系金鱼的代表种。龙睛鱼以鱼睛凸出得名，以山东鱼秧为最佳品种。因为山东秧的龙睛，眼大，似"荸荠扁"，又名"算盘子"眼睛。只高凸而不扁，如牛子眼的，为龙睛鱼中的下品。鱼身要短而肥，尾大而长，并且周正的为上品。龙睛鱼以颜色分别高下，故能于鱼的颜色不同，分出难养易养的不同。主要品种有：红龙睛、白龙睛、黑龙睛、红白花龙睛、蓝龙睛、紫龙睛、龙睛高头、红帽子龙睛等。

"金鲫鱼，你们真是宝贝，知道我要长寿，都送上门来了！"

金鲫鱼一看这个皇帝张着个贪婪的大嘴，正想吃它们，气得浑身直抖。它们一起跳到龙书案上，质问皇帝："我们好好地住在池塘，没有招惹你，你凭什么要吃我们！"

皇帝说："我是皇帝，想吃什么就吃什么！"

金鲫鱼看皇帝这么蛮不讲理，气得肚子都变圆了，怒得眼睛一下就凸了出来，尾巴也变得扇子那么大，一跃跳到了云朵中，游走了。从此，这群金鲫鱼就变成了金鱼，而因为它们是和皇帝对视，气得鼓出了眼睛，所以又被叫成"龙睛"。

自那以后，皇帝再想去池塘找它们就找不到了，因为只要皇帝派人去那个池塘，池塘里原来清澈的水，就会变得混沌不堪。据说是龙睛金鱼用它们的扇子尾巴，把池塘底下的泥土都翻了上来，皇帝再也看不到一条金鱼了。

中山公园的龙睛金鱼

鸡狮潭——什刹海积水潭

北二环的积水潭,还有一个名字——鸡狮潭,其名字的来源是因为积水潭土山上一个雕有公鸡和雄狮的石头,不知此石雕于何年,何人所作,老人们都说它是天上掉下来的星星,并引出了一段鸡狮潭的传说。凡到这儿来游玩的人必到土山上去看一看这个石雕,还要亲手摸摸这公鸡和雄狮,据传能祛病消灾。

原来这里可没有这么好看,是一片潭水,早先就是一片低洼地,下雨积水,没雨潮湿,里边长着很多芦苇。这里的住户多以芦苇为生,以编席、打苇帘子等手工谋生,芦苇的根还是药材,大家都把这儿叫积水滩。有一天出现了奇迹,改变了这里的面貌。

北京二环内的西北隅,有一水面,名为积水潭。元代为了加强大都的漕运而修建的人工河——通惠河,在流入城市以后形成了一个巨大的湖泊,形成积水潭。积水潭曾经是漕运的总码头,也曾是皇家的洗象池。它的名称有很多,包括:西海、海子、北湖、莲花池、净业湖、西水关、西涯等。

老北京的传说(续篇)

据说是这样的：有一日夜里刮起大风，下起大雨，电闪雷鸣。雨越下越大，忽然天空中一道电闪，跟着一道红光从天而降，随后在低洼地里就是一声闷响。老百姓的房子都震动了，住在这里的人从睡梦中惊醒，不少人都吓蒙了。三更半夜的，不知道外边洼地里发生了什么事情，在这风雨交加、电闪雷鸣的夜里，谁也不敢打开门或挑起窗户往外看，大家都怀着忐忑不安的心情，这一夜人们谁也没敢合眼睡觉。

第二天一大早，雨也不下了，风也停了，就有些胆大好奇的人，三三两两地来到这红光坠落的地方，想看看夜里究竟发生了什么事情。大家来到洼地里一看，可不得了，一个大坑出现在洼地中，里边有一根一人多高、二人合抱的黑色大石头柱子，像个黑铁塔斜着戳在坑的中央，坑四周的草都黑了，有两三个人踩着没脚的积水好奇地慢慢走过去，还用手在石头上摸了摸，他们说这石头挺烫手的，还热着呢！

就这样，天上掉下一块石头的事一传十，十传百，从老爷爷老奶奶到小小子小丫头都知道了，很多人都来看，这件事成了大家茶余饭后的谈资。

晚饭后天还没黑，大家还在外边闲聊这一天的怪事，从西边走来一位白发白须的老人，牵着一头小毛驴，驴背上的褡裢里露出锛子、斧子、凿子，一看就知道这是一位老石匠。这老石匠一看见这里的人便说，听人家说这里有一块从天上掉下来的石头，想看看这块石头有什么特殊的地方。有几个年轻人带他去看那块石头，有的说可以雕一对上马石、下马石或拴马柱什么的，有的还说可以雕成一对狮子。老石匠把毛驴留在坑边，自己走到石头面前瞪着炯炯二目，直穿石心，摸着石头道："在天在地无二无杂，人间几轮回，终有落回日，你要变样啦老弟。"他摸着这石头小声说了这话，然后向着

"鸡狮潭"又称"鸡狮滩",曾是什刹海别称之一,与汇通祠(镇水观音庵)内鸡狮石有关。祠内有一块天然陨石,纹如鸡狮,又称"鸡狮石"。据《燕京访古录》所载:积水潭上汇通祠……寺后立一石,层叠如云,相传为陨石所化,高六尺五寸,下承以石座。石之阳有天然一鸡一狮,鸡左向右走式,狮右向下伏式。石顶高处,另有镌刻一大鸡一大狮,鸡大四寸,居左向右走式,狮大七寸,居右向左卧式。

老北京的传说（续篇）

这几个年轻人说,这物件是有用之材,可以养一方人哪,是个宝贝,你们要好生看待。他说完了这话,牵着小毛驴就走了。这几个人面面相觑,不知所以,不懂老石匠说的什么意思。等回过神来想再问问,老石匠早就无影无踪了,大家也没当回事。

这些年轻人晚上都没睡,聚在最老一辈人那里,请老人说说这事,怎么这么怪。老人说从他爷爷那会儿的经验来看,这是从天上掉下来的一颗星,它在天庭犯了事,被老天爷贬到凡间来了,变成了石头,让它在世间赎罪,什么时候石头碎了,就赎完罪了,那时再回到天上述职。

这天夜里特别黑,过了三更又刮起了大风,不一会儿在风声里听到了敲击石头的声响,劈劈啪啪的,一会儿声大,一会儿声小。

到了五更天,雄鸡唱晓,天开始蒙蒙亮了,风也住了,也没有敲击石头的声音了,那些沉不住气的年轻人老早就起来,又走到洼地里去看从天上掉下来的石头,看看在夜里又发生了什么事。这一看

所有的人都惊呆了,不知谁把这石头放到了坑边的一块平地上,把石头的石皮凿了下来,里面是晶莹剔透的白色冻石,并且在石头上面雕刻了许多图案,大家围拢过去,看了半天,发现上面有山峦、水流,下面有浪涛,还有云气、星辰。最好看的是石头顶部刻有若飞若动的一只大公鸡,还有一头毛发威猛的雄狮,这个鸡狮柱还立在一个上面有兽头的须弥座上。这时又围上来好多人,你一言我一语地谈论这石头的怪事,怎么一夜之间就变成了这个样子?这里的长者见到这宝贝奇石,就让几十个汉子用杠子把它抬出来,供奉在路边的一座土地庙里。

平时这里有点荒凉,从来就没有什么高兴的事,更没有这么热闹过,自打发生了这事儿,四面八方的百姓扶老携幼地都到这儿来,看这块有公鸡和狮子的石头柱子,大人还举着小孩子去摸公鸡和狮子,说这是摸福,能治百病。

这一天,大伙儿说什么的都有,但谁也拿不定主意,谁也说服不了谁,到了晚上邻里和朋友又都聚在一起,最后大家还是把这里德高望重、最年长的老人请出来,向他请教到底是怎么回事,老人摸着自己的脑门子,想了想说,这是鲁班爷下凡,把这块天上掉下来的石头给雕凿成了有公鸡和雄狮,还有山水、云气、星辰的奇石,说不定这是块有仙气、灵气的宝贝,你们看公鸡啄世间之毒虫、辟邪祛恶,此为天鸡,是祥瑞之物,雄狮是百兽之王,集疾恶与善德于一身,骁勇威猛,此狮为灵兽镇物。山水云气星辰是天合之景象。我们这穷乡僻壤的有了这个宝贝,就要变了,这是好兆头,是我们这里百姓的福气。大家对此心服口服,这一夜都特别兴奋。

这些天积水滩发生的怪事,惊动了这么多人,又这么热闹,早就有探子报知了官府,还派了许多官员到这里,后来还听说官府递了奏折给皇上,不久派来兵马,想把此石运进皇宫献宝。但不管你

鸡狮潭——什刹海积水潭

多少人马就是搬不动此鸡狮柱,还出了不少事,闹了许多笑话,百姓又都有很大怨言,又有些老人大胆进言说此乃天物,非人力所能,强移此物,恐有不测风云。官府怕把事闹大收不了场,自此以后,这事就放下了。

这积水滩本来就低洼、潮湿,可自从这天上掉下来的石头这么一砸,这整个大洼地又下陷了许多,西面玉泉山瓮山泊在这儿就流出一条水道,流进了这里,后来大家就叫它积水潭。

有一天,这里年岁最长、最有德行的老爷爷跟大家说,这天上掉下来的石头到了我们这里,西边的泉水就来了,我看这水越来越多,你们看这宝贝石头上有鲁班爷雕的公鸡和雄狮,我说呀,咱们这儿就叫鸡狮潭好不好?大家一念"鸡狮潭",这名字还真是很好听的,于是都说好!从这天起,住在这里的人们就把"鸡狮潭"这个名字叫开了,积水潭和鸡狮潭这两个名字也就不分彼此了,好像一个是大名一个是小名,这儿的百姓不仅种芦苇还在潭里种了荷花、菱角,养了鱼,鸡狮潭给这儿的一方百姓带来了很大的福音。

斗转星移,也不知过了多少时日,鸡狮潭自西向东出现了好大一片水,住在这里的人们也把这片水叫海子。元朝定都北京后,太史令郭守敬上奏皇上兴建水利、修漕运航道、开通南北大运河直进大都,皇上准奏并重用,封郭守敬为都水监并统领工程,都水监专署设在鸡狮潭东北岸,并设立了漕运工程部。元世祖至元二十九年春日开工动土,来了成千上万的军丁和苦工干了起来,运来了大量的木料、石料、铁器、砂石和砖等,对海子开始截水、深挖、筑码头及泊岸;建万宁桥及上下水闸、铺石板路等;把挖出的土堆在鸡狮潭北岸中部突出的地方,集土成山,三面环水;在土山东西部与南岸建起了官府御用码头和商用装货码头、卸货码头,还有客运码头;后在土山上建了一座镇海龙王庙,一年四时祝告老天风调雨顺,五

谷丰登,庙祝四季供奉。漕运工程官员派了几十名苦工把鸡狮石雕从土地庙里抬出来,放在了土山龙王庙北后墙外,以示镇佑此山。至元三十年秋,鸡狮潭码头与通惠河漕运工程竣工,皇上忽必烈亲自题名为"通惠河"。至此南北大运河始点杭州北上运河船只抵天津,到通州,进通惠河,过万宁桥(今后门桥处),直达鸡狮潭各个码头进行停靠,吞吐货物,上下旅客,鸡狮潭成了南北大运河的终点。

站在鸡狮潭的土山上向东望去,碧波荡漾、天长水阔、舸舻如梭。这里有南来的官船,装载着各州府和藩局进贡给朝廷的奇珍异宝和税收钱粮,还有运粮、盐、铁的漕船。大量的商船南货北调,有运山货土产瓷器药材茶叶的船,有运木材石料建材的船,有运绫罗丝绸布匹的船,还有运煤炭柴草的船,南北货物互通有无,你来我往,好不忙碌。还有万千旅客往来于大江南北,从杭州、秦淮两岸来的游舫上还有吴歌楚舞,更可听到丝竹和歌妓的吟唱,真是海子酒

郭守敬纪念馆在西海北沿汇通祠内,为社科类专题人物纪念馆,1988年10月建成开馆。汇通祠始建于元代,最初名镇水观音庵,郭守敬曾长期在此主持全国水系的水利建设设计,乾隆年间重修,改名汇通祠。1986年复建。建筑造型得体,格调素雅,步入园中,小径蜿蜒,假山叠石,错落有致,登高放眼,可见清水悠悠,小桥卧波,林荫掩映。

鸡狮潭——什刹海积水潭

船如画楼,每天晚上海面一片灯光,甚是辉煌。

上世纪60年代中期"文革"时,积水潭的鸡狮石雕被人从山上推下去,并用铁锤砸碎,后来积水潭进水口对面的镇水神兽也被人用铁锤砸碎,将碎石抛于河道中。

万宁桥,又称后门桥、地安桥、海子桥,是位于北京地安门外,什刹海附近,坐落于北京城中轴线上的一座桥。始建于元世祖至元二十二年(1285),原名万宁桥。因桥在地安门之北,地安门为皇城的后门,因此称为后门桥,是市级文物保护单位。位于西城区地安门外大街。

上世纪70年代,因地铁工程,积水潭站设于土山下,将土山铲掉建站。地铁建成后,于上世纪80年代中期重建积水潭土山,山上重修汇通祠,设郭守敬纪念馆,重雕鸡狮石雕立于北山坡。2005年4月,土山南侧岸边立郭守敬铜像。

北 海

　　北海作为一个著名旅游景点,很多人都知道,这可是打元朝忽必烈时期就有的避暑圣地。可能很多人要问,为什么这么个不大的水域却要叫"海"呢?这点面积顶多也就是个湖啊,应该叫北湖才对,难道蒙古人不知道海是很大的吗?其实,这是蒙古人的一种习惯叫法,因为他们长期生活在草原,不容易见到大片的水,因此,只要有大片的水,他们就叫做——海子。等到他们入主中原,这习惯也没有变,把这里叫成北海,一来是根据习惯,二来海比湖要有气势,皇家的东西嘛,听着越唬人越好!下面该说说这个北海是怎么来的了。

　　北海公园,位于北京城内景山西侧,与中海、南海合称三海。辽、金、元建离宫,明、清辟为帝王御苑,1925年开放为公园。园内亭台别致,游廊曲折。琼岛上有高67米的藏式白塔(建于1651年)和永安寺、庆霄楼、漪澜堂、阅古楼,还有乾隆所题燕京八景"琼岛春阴"碑石等。东北岸有画舫斋、濠濮涧、镜清斋、天王殿、五龙亭、九龙壁等建筑;其南为屹立水滨的团城,城上葱郁的松柏丛中有造型精巧的承光殿。

北海

徐福，字君房，齐地琅琊（今江苏赣榆）人，秦著名方士。他博学多才，通晓医学、天文、航海等知识，并是鬼谷子的关门弟子，学辟谷、气功、修仙，兼通武术。他出山的时候，是秦始皇登基的时代，被派遣出海采仙药，一去不返。乡亲们为纪念这位好心的名医，把他出生的村庄改为"徐福村"，并在村北建了一座"徐福庙"。后来，有徐福在日本平原、广泽为王之说。此图拍摄于山东龙口市西北的屺母岛上徐福像。

老北京的传说（续篇）

这还要从秦始皇统一中国说起，那时有个方士叫徐福，大家一定都知道吧，据说他还是日本人的祖先呢。有一天他做了个梦，梦到海上突然出现了三座仙岛，号称：蓬莱、瀛洲和方丈。岛上可美了，有四季常开之花，八节不败之草，珍禽奇兽，仙人往来其间，最重要的是上面长着很多可以使人长生不老的仙草。徐福就把这个梦告诉了大家，老百姓都很向往，这个梦就这样传开了。

秦始皇统一中国后，就想要一直享受下去，而享受的前提就是要长生不老啊，所以当他听到这个梦的时候，马上把徐福找来，要求他带人去岛上把仙草求来，以供他延年益寿。其实徐福也不知道那三座仙岛在什么地方，但如果不去吧，抗旨不遵当时就要杀头，所以他想了想，对始皇帝说："要我找仙山拿仙草不难，但一个人无法完成任务，我需要五百童男童女，大量的技术工人，还有五谷杂粮、药材种子和黄金白银才行！"始皇帝原以为需要什么复杂的东西呢，就这些啊？简单！没几天的工夫，需要的人和物品就都准备好了，而徐福就真的带着他们分乘几十艘大船出海了，不过却再也没有回来，可怜的始皇帝到死都在等着徐福和他的长生不老草了。

就这样，又过了多少朝代，大家慢慢地把这三座仙岛忘记了，可有这么一个皇帝，看到天下统一，又开始做起长命梦来，要派人

去海上寻找蓬莱、瀛洲和方丈仙岛。

这天，他召集了群臣商议这个事情，有的大臣附和皇帝的意思，而更多的大臣纷纷表示反对，就这样争执了一上午。最后，一个翰林学士站出来说："陛下，恕臣直言，秦始皇当年为找长生不老草最后还是竹篮打水，劳民伤财。如今既有前车，岂可重蹈覆辙？"皇帝一听有道理，但他又想长命百岁，就听那个翰林继续说道："蓬莱、瀛洲和方丈这三座仙岛我们可以修建的！"皇帝听了很高兴，心想：对啊，那些地方都只是传说，以后我要真建造了这样三座仙岛，供我一个人游玩，倒是一件美事！可是上哪儿去找这个建造的地方呢？那翰林看出了皇帝的担心，于是自告奋勇外出寻找。

那翰林东找西找，最后到了黑海子这个地方，看到这里古木参天，港汊纵横，风景宜人，心想：这里就是建岛的好地方。于是，他马上回去报告了皇帝，皇帝迫不及待地来到这里一看，果然称心如意，一派鸟语花香、世外桃源的景色，于是马上宣布动工。

皇帝说动工，效率当然就快了，不久，岛就堆成了，周围也按书上仙岛的记载布置停当，可就是没有水，这哪算岛啊，可急坏了营造的大臣，赶紧找那个翰林帮忙，那翰林倒是不急不慌地说："别急，从明天开始将有三天暴雨，到时候就不怕不成岛了。"

果然，第二天开始大雨瓢泼，一连三天，还真奇怪，这雨只在这片地方下，其他地方离开一步都是晴天。不管怎么说，最后这山山岛岛的终于弄好了，岛周围一片白茫茫的，远看还真像海中的仙山，从此，人们就叫这里为白海了。随后，皇帝又弄来了很多奇形怪状的太湖石，放在岛的不同地方，再加上古树名花，就成了如今美丽的琼华岛了。

到了清朝，乾隆皇帝来到这里，也被这里的景色吸引，题诗一首，把这里赞为"燕京八景"之一，而"琼岛春阴"的石碑就在岛的东

"琼岛春阴"石碑在北海白塔山东、倚晴楼南。"燕京八景"之一。清乾隆十六年(1751)立。碑首盘顶,四方形。碑身四框刻缠枝纹饰,碑阳刻乾隆御笔"琼岛春阴"四字,碑阴为乾隆帝御制诗:"良岳移来石发峨,千秋遗迹感怀多。倚岩松翠龙鳞蔚,入牖篁新凤尾娑。乐志记因逢胜赏,悦心端为得嘉禾。当春最是耕犁急,每较阴暗发浩歌。"碑座四周有雕刻精致的石护栏。碑旁有迂回曲折的小路直达见春亭、看画廊。

侧,这当然是后话了。

而当初下旨修建三座岛屿的皇帝,在刚修完一座岛的时候就病死了,从此另外的两座仙岛就没人提了,慢慢的各个朝代都对这个白海进行开拓疏通,建造修补,这座小岛在白海的波光映衬下,再加上清晨迷离蒸腾的水汽,真有一种仙岛的感觉。

不过随着时间的推移,人们对这个地方的叫法也越来越模糊,又因为这个地方在元朝时地处城北部,以至于慢慢地就把白海叫成"北海"了。

老北京的传说 (续篇)

仿膳和小窝头

北京有名的老字号饭店很多,比如"全聚德"、"便宜坊"是吃烤鸭的,"八大春"的"淮扬春"是主做淮扬菜的,"八大居"的"天兴居"以炒肝包子闻名,"鸿宾楼"的清真菜肴味道不赖,更不用提"八大楼"的山东菜和"丰泽园"的燕鲍翅参了。而我要说的和这些地方比起来,这些地方只能算是工薪与中产阶级饭馆,而我要说的地方在过去可是只给全中国的几个人做饭,你有再多的钱人家都不理你,这地方就是北海公园里的仿膳饭庄。

1925年,北海公园正式开放。原在清宫御膳房当差的赵仁斋和他儿子赵炳南,邀请原御膳房的厨工孙绍然、王玉山、赵承寿等人,在北海公园北岸开设茶社,取名"仿膳",意为仿照御膳房的制作方法烹制菜点,经营的品种主要是清宫糕点小吃及风味菜肴。保持了"御膳"特色,深受食客欢迎。

说起仿膳就不得不提一样小吃——小窝头，而提起小窝头，我们就不得不说一段有关慈禧老佛爷的故事。

慈禧用餐很讲究，一顿饭要一百多样菜。遇到节日，比如重阳节，御膳房还额外地为她做各种花糕上供。这些花糕有菊花的，有枣泥的，有八宝的……还有各式的饽饽。据说，这天她还要到排云殿吃一种专用土炭和松枝烤出来的"烧饼夹烤肉"，这东西慈禧最爱吃。虽然御膳房的厨工技术很高明，可还是不能使慈禧满足，一旦她吃得不高兴，还要杀人呢。每年九月间，慈禧要度"斋期"，在这时候，御膳房要为她准备二十天的素菜。有一年九月，她感冒了，嘴里无味，要吃"九皇素"，厨工给她做好了，又好看又美味。谁知她一尝就破口大骂，嫌菜没味道。厨工只好重做，这次做得比上次更香更有味。可是，慈禧尝了还是大发脾气，下令把这几个倒霉的厨工都杀了。

后来庚子之乱，八国联军打到北京，慈禧带着一帮人狼狈西逃，一连跑了好几天，带出的干粮都吃完了。那年头兵荒马乱，到处闹饥荒，后面还有洋人的枪炮声，慈禧吓得也不敢停车，只是一个劲儿地逃。快到西安了，慈禧实在饿得不行了，只好下令停车，要手下人去找吃的。手下人心想，太后吃惯了山珍海味，如今在这荒郊野岭，到哪儿去找这些东西？想到这儿，他们只是哼哼哈哈的，不见举动。慈禧一见，火了："你们这帮奴才，存心想饿死我啊？"一个手下人说："老佛爷息怒，奴才不是不肯去找，可这地方前无村后无店，到哪儿去找呢？"

这时，慈禧突然发现不远处有一群逃难的人，正坐着吃些什么，于是就说："你看那边……"手下人领会了意思，跑过去一看，只见那些逃难的人正在啃窝窝头，那一个窝窝头足有四五两重。手下人一看没有什么稀奇的，就来禀报。慈禧从来没听说过什么窝窝

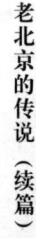

头,也没见过,心里好奇,就走了过去,看见那窝窝头黄澄澄的,那些人啃得很香的样子,就问一个老头:"这好吃吗?"老头回答说:"好吃!"慈禧听了,感到肚子更饿了,就说:"给我一个吃吃吧?"那老头倒也爽快,就递上一个。慈禧接过,狠狠地咬了一口,感到真是太好吃了,接连几口就把一个窝窝头吃完了。

过了一些日子,她带着皇帝、皇后、妃子们又耀武扬威地从西安回到北京。不久她又想起吃窝窝头的事,就下令御膳房照做窝窝头。可是,窝窝头送来了,她咬一口,咂巴咂巴,感到太不是滋味了,一怒之下,杀了几个厨工,这一下,可吓坏了其他厨工。这天,大家凑在一起出主意想办法。有的说:"老佛爷逃难,肚子饿了,有窝窝头,当然觉得好吃。可现在再吃窝窝头,她能咽得下吗?"也有的说:"对啊!我们得想办法,做得既要像窝窝头,又要香甜可口。"大家一听这话有理,可对于怎么做,心里还是没底。这时,有位老厨工灵机一动,想出了一个主意,他说:"咱们用栗子面加白糖,做成一两一个的小窝窝头,试试看吧?"大家一听,这是个办法,就都同意了。

栗子面加白糖做出来的窝窝头,不仅样子好看,而且味道也挺好,送给慈禧一吃,慈禧很高兴,说:"我总算又吃到当年的窝窝头了,虽然味道差不多,但感觉哪里还差一点?"这消息传到御膳房,大家才松了一口气,都说:"这才叫'饿了吃糠甜如蜜,饱了吃蜜蜜不甜'啊!"

打这从后,栗子面的小窝头出了名,而这个御膳房的名气也就更大了。

小窝头是由小米面、秫子面、玉米面、栗子面混合而成,做成圆锥形,每个底部都有一个圆洞,小巧玲珑,蒸熟后呈金黄色。传说这是清代慈禧太后喜爱的一种宫廷食品。一般老百姓吃的,主要用玉面(有些掺进一些黄豆面)制作而成,个头也大。

仿膳和小窝头

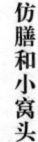

养蜂夹道藏皇上

北海旁的北京图书馆往西走,有一条南北向的小胡同,名字叫养蜂夹道。在距今五百年的明朝成化年间,这里发生过一起骇人听闻的重大事件,小皇子朱祐樘神不知鬼不觉地在这里藏了六年,演出了一场大明朝的悲剧:太子逃国。

明宪宗朱见深十六岁登基坐殿,同时册封了一位妃子,就是后来搅闹得后宫大乱的万贵妃。早在宪宗皇帝年幼的时候,万宫人就日夜照料他,宪宗对这位比自己大十九岁的既像母亲又像保姆的

国家图书馆古籍馆往西200米左右、北京大学第一医院妇女儿童医院东侧、通往305医院的那条胡同就是昔日的养蜂夹道,只是现在已经没有了街牌,并做了拓宽。作者也是通过在那值守的解放军战士了解到的。

万宫人言听计从。他即位之后,马上册封三十五岁的万氏为妃,从此万贵妃就牢牢控制了这位小皇帝。

万贵妃在宫中专横跋扈,简直是横着走路。贤惠正直的吴皇后看不惯万贵妃的所作所为,一次当众指责其过,吩咐"刑杖伺候"。哎哟,这顿打呀,痛得万贵妃直学狗叫!从此,万贵妃与吴皇后结了怨,在皇上面前屡进谗言,再加上她买通了宫女太监,真可谓"众口铄金,积毁销骨",经过万贵妃的百般挑唆,宪宗皇帝终于下诏废掉了吴皇后。

万贵妃的第一个打击对象吴皇后被她迫害成功,那么第二步,万贵妃决定得生下一个皇子,这样才能巩固她在宫中的地位,而且可以控制两代皇帝。可也奇怪了,这么多年了,别说皇子,连黄瓜也没生一个。怎么办呢?她利用自己在宫中的地位,广集名医,各种名贵补药,大吃特吃,拿人参当白薯那么吃,吃得鼻子眼儿直冒血。为了生男孩,各种偏方全试了,都不管用。后来也不知是谁告诉她一个偏方,把汉白玉石头碾成末儿,和上麻酱,天天吃,连吃七七四十九天,准能得皇子。万贵妃真听话,找来一大筐汉白玉石头,碾成末儿,和上麻酱,天天嚼,也不嫌牙碜,她还说了:"七七四十九天恐怕不行,我得吃九九八十一天!"这不倒霉催的吗?天天吃,连吃了八十一天,别说,肚子真见动静,赶紧找太医,大夫一号脉,敢情不是怀孕,是得了肾结石!

她自己生不了孩子,也就开始特别留意别人,凡是妃嫔宫女,

明宪宗朱见深(1447—1487),或作成化帝,为明英宗的长子,明仁宗玄孙,明朝第八代皇帝,初名朱见濬。土木之变,英宗被瓦剌掳去。景泰三年(1452)明代宗即位后,被废为沂王,天顺元年(1457)英宗复辟,又被立为皇太子,改名朱见深。万贵妃(1428—1487),诸城人,明宪宗朱见深宠妃。野史记其名为万贞儿。万氏于成化二年正月生皇第一子,明宪宗大喜,遣中使祀诸山川,遂封万氏为贵妃。数月后皇第一子早夭。

养蜂夹道藏皇上

① 特指皇帝与嫔妃同宿。元代马致远《汉宫秋》第二折："妾身王嫱，自前日蒙恩临幸，不觉又旬月。"蒋敬生《南包公》第五回："皇帝要到哪个妃子官里住宿，不能叫住宿，要叫临幸。"而妃子们就会在这种时候尽力为皇帝生一个孩子，以换取皇帝的重视以及后官的权力。

谁因皇帝"临幸"①而有了身孕，万贵妃必定想方设法迫害。就这样，皇上直到中年仍然没有儿子。这在封建皇家可是一件大事，一些大臣联名上奏，规劝皇上摆脱万贵妃。可是宪宗朱见深始终未能摆脱控制，相反，万贵妃却勾结内部宦官与朝中奸佞，结成一个有权势的集团。在这种情况下，突然有一位宫女怀孕了……

明代前期，为镇压南方少数民族起义，曾经有过多次"征蛮"之举。每次都是残酷地镇压。成化朝有一次征讨广西，一位姓纪的土司被官兵杀掉，他的女儿被俘后带到北京，贡入皇宫充当女史，管理宫内藏书。有一天，宪宗皇帝游玩从这路过，遇见了这位从广西来的纪姑娘，一看这纪姑娘娇小玲珑，清纯可人，薄施脂粉，淡扫娥眉，而且对答如流，当下龙颜大悦。皇上高兴了，心说："没想到苗蛮之地有此绝代佳丽，这真是旱香瓜另个味儿，蝎子粑粑独一份儿，澡堂子鞋没有对儿！"皇上还满肚子俏皮话。

当下皇上"临幸"，时隔不久，纪宫人身怀有孕。这要在平时，对于身份低贱的纪宫人来说，简直是万分的"福气"。可现在谁都知道，纪宫人因福得祸，要遭大难了！

万贵妃一听，怎么着，有人怀孕了？哎哟，没把她给气死。她天天跟着了魔似的，从这屋走到那屋，从那屋走到这屋，晚上一宿一宿地不睡觉，早晨起来刚吃早点又闹着要洗脚。宫女们一看，坏了，贵妃娘娘气迷心了。

最后万贵妃实在忍不下去了，派一个心腹宫女去给纪宫人打胎。可这宫女十分同情纪宫人，不忍下手，回来编个谎话，说纪宫人不是怀孕，是得了大肚子病。万贵妃一想，那也不能留在宫里，便把纪宫人贬到安乐堂去了。

安乐堂名为安乐，实际上并不安乐。那里是太监、宫女最怕去的地方。凡是太监、宫女得了重病，都被送到安乐堂，其实就是等

死。安乐堂在北京共分两处：一处是在地安门往东，现在的安乐堂胡同内；另一处就是在养蜂夹道，当时叫羊房夹道，因为地处西内，所以也叫"内安乐堂"。纪宫人就住到了内安乐堂，不久生下一个男孩。抱着孩子，纪宫人泪如泉涌："儿啊儿啊，你何苦投胎这帝王之家！人人均知皇家富贵，他们哪一个又知这皇袍下有万把钢刀啊！"

纪宫人正哭得昏天黑地，猛然间门一开，有人压低声音说道："别哭了！""啊？"纪宫人吓了一跳，仔细一看："哦，张公公。"来的这人是内宫太监张敏。张敏为人忠厚，平时对纪宫人也比较照应，这次特意来探望，一见纪宫人怀抱婴儿，心里就明白了，紧走两步，扑通跪倒，口称："奴才张敏，叩见幼主爷。"纪宫人连忙摆手："张公公，快快请起，以免泄露风声。"张敏站起来擦擦眼泪，说道："苍天有眼，大明有后！""张公公，此子来得不是时候，与其留在人间受罪，还不如……""啊？还不如怎样？""张公公，我麻烦您将此子……

安乐堂胡同，地安门路口东南侧，整体呈东西走向。安乐堂乃明代设立，为宫廷太监患病养体之所，故而得名，属皇城禁区。清代属皇城，沿称。1949年后称安乐堂胡同。"文化大革命"时期一度改称红浪胡同，后恢复原名。现胡同内均为居民住宅。

养蜂夹道藏皇上

溺死吧！""啊？"张敏一听此言，双手颤抖："纪宫人，娘娘！万岁年迈，江山无后，奴才岂敢逆天行事？""那……""我看这么办吧，就在这安乐堂中，找一僻静之所，悄悄抚养皇子，待幼主成龙，再说明真相！""哎，也只好如此。"

此后，小皇子就偷偷地养在了安乐堂。被废的那位吴皇后当时也住在西内，离安乐堂很近，知道了这件事，暗中来探望，有幸知道此事的几个太监同情这可怜的母子，一个个守口如瓶，瞒住了万贵妃和宪宗皇帝。小皇子朱祐樘在这儿，竟秘密地度过了六个春秋。

成化十一年的一天，宪宗皇帝清晨起来，命大太监张敏给自己篦头。透过镜子，宪宗一看自己，眼角边皱纹堆垒，鬓边头发也白了，忽然触动心事，长叹一声："哎，朕老将至而无子！"旁边的张敏一听，哎呀，天天盼的机会来了，"扑通"跪倒说："奴才死罪！万岁爷已经有了子！""啊？"皇上一听："什么？有了皇子？在哪？"张敏以头碰地："奴才死罪，请万岁爷为小皇子做主。"旁边站着另一个大太监怀恩，他也知道这件事，今天一看说明真相的机会来了，急忙跪倒："启奏万岁，张敏说得对！皇子潜养西内，今已六岁，匿不敢闻。"宪宗一听，这高兴啊，急忙传旨命人迎皇子进宫。

捧旨太监来到安乐堂。纪宫人抱着皇子痛哭流涕："儿啊，此一去，灾消难满，可为娘再难存活，你要见着穿黄袍有胡须之人，就是你

明孝宗弘治皇帝，名朱祐樘，成化六年(1470)七月三日生于西宫。明宪宗成化皇帝第三子，母淑妃纪氏。因万贵妃所生第一子及贤妃柏氏所生悼恭太子夭折，成化十一年(1475)朱祐樘被立为皇太子。

老北京的传说（续篇）

父！"两边太监给皇子穿上小红袍，扶上小轿，直奔内宫。

　　宪宗皇帝都等不及了，一见小轿来了，心里这激动啊。轿帘打开，出来个孩子，小皇子自从生下来，从没剃过头，六年光景，发披至地。他一眼就看见宪宗了，黄袍、有胡子的，再一看周围太监都没胡子，没错，就是他！小皇子扎着两手就跑过去了。宪宗一把抱住，放在腿上，仔细地端详。明宪宗掉下眼泪来："长得像我，是我儿子！"父子抱头大哭。太监怀恩到内阁传旨，宣布此事，群臣大喜，这下江山有后了。纪宫人被册封为淑妃，移居紫禁城内永寿宫。

　　宫廷内外喜气洋洋，只有万贵妃一个人大哭大骂："这帮小人害得我好苦！"

　　紧接着，皇宫内出了两件怪事。淑妃突然暴死！《明史》上记载：或曰(万)贵妃致之死，或曰自缢也。总之，可怜的纪宫人终归没能躲过暗箭，纪宫人一死，大太监张敏也吞金自尽。虽然他们的死都没有正确结论，但肯定也和万贵妃有关。

万娘坟，位于昌平卫星城西北7公里，十三陵镇所辖行政村。清代成村。因村域内有明宪宗朱见深的贵妃万氏的园寝，村民大多是清朝看守万贵妃园寝坟户的后代，村落因坟得名，称万娘娘坟，简称万娘坟。据村中人讲，现坟地已被个人承包改为果园，无法进入了。此图为万娘坟的围墙和正门。

养蜂夹道藏皇上

小皇子朱祐樘被立为皇太子。由于他处境危险，便由他的祖母——皇太后来抚养。可是万贵妃不死心,有一次,她请小皇子吃饭,小皇子临去时,老太后再三嘱咐,千万别吃东西。到了万贵妃那儿,小皇子什么也不肯吃。万贵妃说:"你怎么不吃呢？"小皇子说:"我怕有毒。"万贵妃一听,又气又急:"几岁的孩子就这样,将来我得死在你手！"时隔不久,万贵妃去世,宪宗也晏驾,这位皇子即位,就是明孝宗朱祐樘,年号弘治。登基大典上的朱祐樘是风风光光,可不知道他忘没忘记死去的亲娘,和为他吞金自尽的救命恩人张敏。

正是：

堪叹人生天地中,
使尽心机为利名。
富贵荣华花间露,
好勇争强火化冰。
三寸气在千般用,
一旦无常万事空。
任君使尽千条计,
难免荒郊被土蒙。

万寿宫

万寿宫坐落在宣武区白纸坊东街,盆儿胡同西侧,半步桥路北,即现在的万寿公园。

据史料《京师坊巷志稿》记载:万寿宫始建于明万历年间,名曰"宏仁万寿宫",为道教式建筑,原分东西两院,东院在盆儿胡同东侧,叫万寿东宫。宫院内设有文昌殿,殿中供奉着文昌神像[1],旧时宣武区南部会馆较多,各地上京赶考的举子们常到万寿宫进香,求拜文曲星君,期盼能金榜题名、光宗耀祖,好一派香火旺盛的景象。然而好景不长,到了清乾隆时期,万寿宫"遗址仅存,无椽矣"。可士人仍将原址呼为万寿东宫。距东宫以西四百余步之遥便是万寿西宫,宫院内有两座神殿,分别为关帝殿和吕祖殿。

后来万寿西宫几经变迁,到了清末,成了蒙古旗贵族"奚公子"的家庙。说到"奚公子"恐怕有很多人不知道,而他的儿子却闻名遐迩,那就是名冠菊坛、京剧"四大须生"之一的奚啸伯。到了民国时

今日的万寿公园就是原来的万寿西宫,而盆儿胡同东侧的万寿东宫已无任何痕迹。

[1]文昌又名"文曲星",在中国古代神话里是主宰功名禄位的神。

期,奚氏家道中落,将家庙万寿西宫租给了以赶大车运黄土为生的赵德山与赵世海父子。

据附近的老人讲,万寿西宫还有一个民间传说故事。

相传在晚清同治年间,有一次,年轻的同治皇帝微服到南苑猎场出游,回宫时途经南城半步桥一带,时值仲夏,天气十分炎热,主仆们倍感口渴,见眼前一片菜地,有父女俩在那里打水浇菜园子。同治皇帝与侍从前去寻水,菜园女从桶里舀了瓢水递给同治皇帝。同治皇帝边喝水边打量着姑娘,但见这姑娘一身旗人装束,约十六七岁的年纪,亭亭玉立、面目俊秀,真是个绝色女子,心中顿生爱慕之意,当即催促侍从向姑娘父亲提亲。同治皇帝虽是便装打扮,但风流倜傥、气质非凡。姑娘父亲见状,便爽快地答应了婚事,同治皇帝忙解下腰间的玉佩,送给姑娘当做定亲信物。后来同治皇帝回到宫中,把此事告诉了生母慈禧太后。不成想没多久,同治皇帝暴病早逝,这件事就耽搁了下来。

一日,慈禧到南苑鹿圈去看狩猎,返城途中,忽然想起这事,便到半步桥看了看菜园女和她的居所,并敕封姑娘居所为"万寿西宫",以表示把同治帝生前的心愿封在了西宫。此后,这位姑娘虽然每年享受着双份钱粮,却没有得到真正的名分,落了个"不得再嫁"而独守终身。

·新中国成立后,万寿东宫已成大片民居,另在万寿西宫的原址上建成了人民公园,土山上的旧宫殿得以重新翻建,人们得以在这里晨练和游园。

奚啸伯(1910—1977),满族,出生于北京。京剧老生,后四大须生之一。字承桓,祖姓喜塔腊氏,满族正白旗人,祖籍北京大兴县。其祖父裕德是前清文渊阁大学士,后入阁拜相。父熙明,曾任度支部司长,善于绘画书法。

香妃和望家楼

　　清朝时，新疆地区有一个维吾尔族首领的女儿，长得非常漂亮，并且身上有一股奇异的香味儿，这事儿后来被乾隆皇帝知道了，乾隆皇帝就叫人把她"进献"到了北京，封为妃子，这就是民间经常谈论到的"香妃"。

　　无故被进贡给皇帝，香妃满腔悲愤，身上暗藏了锋利的刀子，想寻短见。被"选"进北京以后，要不是乾隆叫人看得严，香妃早就自杀身亡了。要叫她给乾隆做妃子，是谁说也不从，谁劝也不依。乾隆眼巴巴地看着这个如花似玉的美人儿，也没办法，不敢接近她，知道她身上藏着刀子，但又不死心，就把香妃安置在中南海住下了。

　　乾隆皇帝为这件事很犯愁。维吾尔族多信奉伊斯兰教，也就是我们平常说的回教。为了讨好香妃，他命令宫人说，香妃的起居

　　在乾隆皇帝的40多个后妃中，有一位维吾尔族女子，她就是闻名遐迩的"香妃"。其实香妃是否遍体生香，根本无从考证。但乾隆帝只有一个维吾尔族妃子却是史实，她就是容妃。

饮食，一定要按照回教的风俗习惯去安排，宫人也都照办了。这虽说博得了香妃的欢心，但仍然消除不了香妃想家的念头。

> 宝月楼原本不与外边相通，及至民国初年袁世凯任大总统时，把中南海作为他的总统府，还将宝月楼改建成总统府大门，更名为新华门。从此，新华门取代西苑门成了中南海的正门。

乾隆心里又琢磨开了，怎么才能让香妃消愁解闷呢？他想来想去：有了，回民住的地方不是都有做礼拜的寺庙吗？我照着她家乡的礼拜寺给她盖一个，她一想家就去看一看，不就好像到了家乡一样吗？就这么办啦！皇帝有的是钱，说干就干。命令一下，很快就在宝月楼的对面儿，仿照香妃家乡的礼拜寺，修了一座庄严肃穆的伊斯兰礼拜楼，有两三丈高，楼基上有两层楼阁。在这座建筑的后边儿，住着随香妃来北京的回教人。

每当香妃思念家乡心切的时候，就叫宫女陪着，登上宝月楼，向南眺望对面的这座仿照她家乡样式盖的伊斯兰教楼。看见了自己家乡的教楼，看见了头戴回民帽子、出来进去的家乡同胞，就好像回到自己的家乡一样，她精神上得到了很大的安慰。于是这座楼便被叫做望家楼。但是香妃还是想家，不跟乾隆过日子。乾隆的母

亲皇太后很替儿子着急。她想,怎么哄香妃也不从,老这样下去也不行啊!她暗自打定主意。有一天,趁着乾隆出宫,她就把香妃叫到了跟前,问:"你到底是从还是不从?"香妃还是不从。皇太后说:"不从,就叫你死!"香妃笑着说:"我被你们抢来就没打算活着!"于是皇太后就"赐白",扔给她一条白绸子,叫人把香妃给绞死了。

既然香妃死了,望家楼也就没有了,宝月楼改叫了新华门。但是现在西长安街附近还住着不少回族同胞,据说就是那时候跟着一起来北京的回族同胞后代,而他们中间一代一代地传说着关于香妃和望家楼的故事。

影壁墙的由来

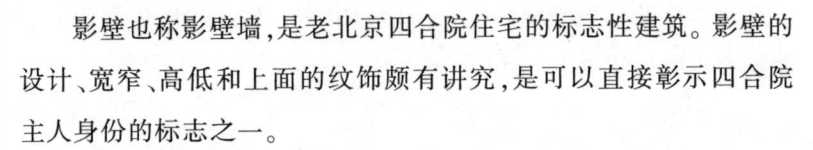

影壁也称影壁墙，是老北京四合院住宅的标志性建筑。影壁的设计、宽窄、高低和上面的纹饰颇有讲究，是可以直接彰示四合院主人身份的标志之一。

关于影壁的由来，民间传说不一，流传最广的说法与清太祖努尔哈赤有关。

相传，努尔哈赤曾在明朝一个兵部官员的家里当佣人。一日，在给兵部官员端洗脚水时，努尔哈赤发现官员脚下有三颗红痣，十

影壁又称为照壁，建在四合院大门的对面或大门内对着门外，影壁是为了遮挡大门对面外的杂乱建筑物，使人们站在大门前感觉到宽阔、整洁，同时也表明了四合院的内、外有别。按古代风水学家讲，门前的影壁，和院内的影壁，是为了使气流绕影壁而行，聚气则不散，另有《龙经》中记载"直来直去损人丁"的说法。此图拍摄于北京历代帝王庙南侧。

分稀奇。兵部官员说这是将帅之相，努尔哈赤顺口说道："我脚下还有七颗痣呢！"这位官员听后倒吸一口冷气，按民间说法，这脚踏北斗七星是帝王之相啊。这位官员为了大明江山，决意要先下手，除掉努尔哈赤这位未来的帝王。

此事让官员的一个妾侍知道了，她不忍心努尔哈赤被杀，便牵来了大青马，让努尔哈赤赶快跑，就在准备跑的时候家中的一只狗也跟过来，好像要保护努尔哈赤一样，跟他一起逃走了。官员闻讯杀了这个妾侍，命手下死死追赶。后来，大青马累死了，那只狗为了保护努尔哈赤也死了，疲惫不堪的努尔哈赤跌倒在地上昏死过去。眼见追兵到了，突然一群乌鸦飞来，把努尔哈赤的身体盖得严严实实，追兵远远望去，仿佛乌鸦在攫食死尸，便打马回去了。

死里逃生的努尔哈赤来到了长白山，带领一部分人上山采参为生，几经磨难才统一了女真各部，终于引兵南进，逐鹿中原。

为了纪念跟随他一起逃命并保护他的那只狗，从此满族便有了不吃狗肉的习俗；而努尔哈赤也不忘乌鸦救命之恩，每逢年节便在居家大院门口树起索伦杆，上置方斗，装有猪肉、粮米等，供乌鸦享用。

满人入关后，满族居家大院一进门就设置了影壁墙，意味着满族后代为不忘努尔哈赤当年在长白山创业的艰难而供奉的采参的

努尔哈赤，原姓不明。执政时发明满文之后称姓爱新觉罗。1559年出生。1616年，在赫图阿拉自称"安巴庚寅汗"，国号"大金"。1618年，起兵反明。次年三月，发动萨尔浒之战，取得了决定性的胜利。1625年迁都沈阳，改为盛京。1626年正月在攻打宁远时被大炮击伤，后死在回沈阳的路上，终年六十八岁，葬于沈阳福陵（今沈阳东陵），庙号"太祖"。

影壁墙的由来

清朝祭祀的庭院中都会有一根朱红色木杆，木杆顶端有锡斗，这木杆叫索伦杆，满族人称它为神杆。锡斗内放米谷碎肉来喂乌鸦。相传为满洲始祖爱新觉罗·布库里雍顺为感谢乌鸦救命之恩，告喻全族，永不屠鸦。所以索伦杆饲鸦便延续下来。

背架。

史学家称，传说只是传说，其实，作为清太祖的努尔哈赤，并没有给明朝的大官做过什么佣人。民间有如此传说，可能是他的后人表达景仰的一种方式。

现在随着北京城改造，标准的四合院越来越少，人们也越来越难以寻觅昔日影壁的风采。而有关它的由来，知道的人恐怕也越来越少了。

天坛天心石

这北海也逛了,小窝头也看了,下面再去看看北京的另一处文化遗产。

天坛,曾经是皇家祭天的地方。古人很希望自己能和上天进行沟通,但是以当时的人力是无法上天的,所以就想通过增大自己的声音来让玉皇大帝听见,这就有了天坛的天心石。在圜丘的正中央有一块石头,圆圆的像个太阳。如果四周安静,一个人站在这个圆石上,轻轻一跺脚,四周都有回音,而且声音可以传播很远。不过,在建造天坛的时候,寻找这块石头却经历了一番曲折。

据传,历史上有一位皇帝,很喜欢摆威风,总希望文武百官能对他一呼百应。有

玉皇大帝,全称"昊天金阙无上至尊自然妙有弥罗至真玉皇上帝",又称"昊天通明宫玉皇大帝"、"玄穹高上玉皇大帝",居住在玉清宫。道教认为玉皇为众神之王,在道教神阶中修为境界不是最高,但是神权最大。玉皇大帝除统领天、地、人三界神灵之外,还管理宇宙万物的兴隆衰败、吉凶祸福。

圜丘位于天坛的最南端，外面有两层圆形围墙，中间是三层圆形石坛，上层台面四周环砌台面石，中心一块圆形石板称"天心石"。其外环砌石板九块，再外一圈为十八块，依次往外每圈递增九块，直至"九九"八十一块，寓意"九重天"。人站在天心石上说话，声音特别浑厚、洪亮。

一天，他对大臣们说："我是奉天承运的天子，应该走到哪里都一呼百应的，震达天庭，你们能有什么办法啊？"一位喜欢溜须拍马的大臣献计说："陛下的这种愿望可以实现。只要能找到一块'天心石'，让陛下站在上面，就可以一呼百应，声音甚至可以上达天庭。"皇帝一听，立刻下旨，派人到各地去寻找天心石。

那些负责找天心石的官员在各个地方都一无所获，其中一个官员在返京的途中经过五台山，遇到一位正在雕刻石龟的老石匠，就走上前去，只见那块石料青里带蓝，好像还有云层飞绕，忙躬身问道："老师傅，这是什么石头？"

老石匠回答："天星石。"

这个官员听错了，以为是天心石，就追问："你这是为谁雕刻呢？"

"皇差！"

这个官员听了很高兴,立刻封了那个未完成的石龟,先带这位老石匠回到京城。

这个官员将找到天心石的消息报告上去,皇帝立刻下旨修一个天坛。

等从五台山将天心石运到的时候,也初步建好了一个大台子,可就是声音无法变大,这可急坏了监工的大臣,监工大臣就去找老石匠,老石匠说:"要扩大声音不难,需要这个台子有三层,而且在台子周围修上矮墙。"

于是监工大臣赶紧重新设计图纸:一个圆形的大丘台,最中间是一块圆形的天心石,周围用上好的大理石围成九圈。第一圈用九块大石;第二圈用十八块大石;以此类推,最后第九圈用了九九共八十一块大石。

围墙修好以后,奇迹出现了,只要在天心石上发出声音,就能听到比原来扩大好多倍的声音,而且有很强的回音。皇帝当然十分满意了,因为达到他一呼百应的要求了。

现在,如果你去天坛游玩,又幸好游人不多的时候,你可以在圜丘上试试,没准会和玉皇大帝来次南北对话呢。

天坛的天心石。

天坛天心石

畅春园的俯首松

畅春园以园林景观为主，建筑朴素，多为小式卷棚瓦顶建筑，不施彩绘。园墙为虎皮石砌筑，堆山则为土阜平冈，不用珍贵湖石。园内有大量明代遗留的古树、古藤，又种植了腊梅、丁香、玉兰、牡丹、桃、杏、葡萄等花木，林间散布麋鹿、白鹤、孔雀、竹鸡，景色清幽。畅春园这种追求自然朴素的造园风格影响了在其之后落成的避暑山庄和圆明园（乾隆扩建之前）等皇家宫苑，不过如今畅春园仅存恩佑寺山门，其他建筑毁于1860年的英法联军手中。此图拍摄于北京大学西门西南。

你见过针叶向下的松树吗？畅春园里就有一棵，称为俯首松。相传，这是康熙的祖母孝庄太皇太后从家乡移来的。提起这棵俯首松，可还有一番来历呢。

话说康熙十二年，吴三桂扯起叛旗，他的儿子吴应熊在京师与许多奸人勾结在一起，为吴三桂通风报信。康熙帝听了大学士王熙的建议，把吴应熊囚在狱中。

过了几年，吴三桂的叛军占据了长江以南的许多地方，气焰十分嚣张。吴三桂给康熙发来一封信，提出要划江为国，二帝分治，从

此相安,条件是换回狱中的儿子。康熙阅后,龙颜大怒。这叛贼弃恩背主,反复无常,让他裂土称帝,更会助长他的气焰,致使江山破碎,黎民涂炭,得把他的气势压下去。于是,康熙马上召集王公大臣,宣布处死吴应熊,让吴三桂断了这念头,并把京师的禁卫军也调去征伐叛军。众臣叩首称是,连那些观望、动摇的大臣也挺起胸来。散朝后京城到处都贴出告示,翌日午后当众处斩吴应熊,以示国威,老百姓拍手称快。

　　消息传到了吴应熊的府里,吴应熊的夫人和硕长公主又恨又急,恨的是吴应熊和他父亲串通一气,谋夺大清江山。急的是吴应熊和自己夫妻多年,有儿有女,以后孩子没有父亲该有多惨,无论如何得救他一命。公主换上黑衣素服,直奔畅春园的慈宁宫,见到额娘孝庄太皇太后,哭拜在地。太皇太后本是个明晓大义的老人,一见女儿这样悲恸,也揪心断肠般地滴下了老泪,双手扶起女儿,答应去跟康熙说说,替吴应熊求情。

　　不料康熙也来到慈宁宫,在门外已听知一切,这时,他快步进屋,给太皇太后叩拜道:"皇祖母,您平日教诲的得国得众之道,孙儿时刻不敢忘记,别的事孙儿可依您千件万件,这件事……只能恕孙儿不孝。"一番话说得太皇太后无言答对,只能怔怔地看着康熙。

　　康熙看着那泪痕满面的和硕长公主,单腿下跪,说道:"姑姑,您的苦处侄儿知道,可是,您知道我爱新觉罗一族,为大清江山,有多少人死于非命。如果不杀吴应熊,吴三桂一定以为朝廷软弱可欺,更加嚣张,又不知多少百姓妻离子散。姑姑,恕侄儿不能孝义两全,您的子女,就是我的兄弟姐妹,我一定……"

　　和硕长公主没等康熙说完,就扶起康熙说:"姑姑我不怪你。"说罢掩面而去。

吴三桂(1612—1678)，字长伯，汉族，明末清初辽东人。明天启末年曾带二十余名家丁救其父于四万满洲人之中，孝勇之举遍闻天下，有"勇冠三军、孝闻九边"的美誉。崇祯四年(1631)八月，皇太极发动大凌河之役，吴襄在赴援时逃亡，导致全军覆灭，祖大寿降清，孙承宗罢去，吴襄下狱，乃擢吴三桂为辽东总兵官，镇守山海关。史载吴三桂部"胆勇倍奋，士气益鼓"，是明末最后一支有战力的铁骑部队。后引清兵入关，被封"平西王"。

第二天午时三刻，吴应熊人头落地，大长了清军的士气，灭了叛贼的威风。没几年，吴三桂便军败身亡，为祸八年的"三藩"之乱被彻底荡平。朝廷内外，对不徇私情的康熙帝更加敬重了。

后来，康熙不仅亲自过问和硕长公主的生活，还把吴应熊的儿子接到宫里来伴读。孝庄太皇太后心里很惭愧，自己在关系朝廷安危的重要时刻，竟为吴应熊求情，对不起列祖列宗，对不起大清江山，也对不起孙儿康熙呀！

后来，太皇太后从家乡移栽了一棵松树在畅春园内，她每天在这棵松树下忏悔自己的过错。兴许是松树也通人心吧，时间一长，这松树的针叶全往下长，像是在替太皇太后忏悔呢！

"败家石"

在颐和园乐寿堂院内，有一块横卧在汉白玉石座上的太湖石，名叫青芝岫，俗称"败家石"。每天都有不少游人在此石前停步细观，侃侃而谈。

原来，这块巨石产自京郊房山群峰之中，四百多年前，被明朝一位太仆[①]米万钟发现。米氏是宋代米芾后裔，爱石成癖，自称"石隐"，取号"友石"。他多才多艺，诗、书、绘画都有很深的造诣，尤其喜欢奇山异石。当时他家收藏大量的奇石、名石，名冠京都，成为人

[①]太仆，始置于春秋。秦、汉沿袭，为九卿之一。掌皇帝的舆马和马政。王莽一度更名为太御，南北朝不常置。北齐始称太仆寺卿，历代沿置不革。清废。

颐和园内慈禧的寝宫乐寿堂，原为乾隆时期的清漪园建筑，建于乾隆十五年（1750），是乾隆皇帝为其母亲六十大寿而营建的。这座建筑檐下挂"乐寿堂"三字大匾额。其实，"乐寿堂"的"乐寿"二字，追溯起来，出自《论语·雍也》篇，孔子曰："知者乐，仁者寿。"

历史上，明代书法家米万钟修建了一处园林。取"海淀一勺"之意，所以被起名为勺园。至明末，勺园已成为西郊一处小巧幽雅的著名园林。清初，在勺园旧地上又重建了一座弘雅园，乾隆以来成为官员赴圆明园上朝途中歇息的场所，由此改为集贤院。如今，盛极一时的皇家园林早已成为北京大学的一部分。

们经常谈论的话题。米万钟亦善画石，有多种画石本传世。现北京故宫博物院藏有一幅《墨石图》就堪称奇石图中的佳构。米万钟为寻求园林置石，不辞辛苦踏遍郊野群山，一日在房山群山中偶尔发现一块巨石，突兀凌空，昂首俯卧，米氏当即爬上石头顶礼膜拜、赞叹不止，拟将此石置于他的花园——勺园之内，"以石取胜"装点勺园，并借此在觅石成风的亲朋中显赫一番。为此他不惜财力，雇用百余人，先开山铺路，分段引水，掘水井待严冬，淘水泼冰，用四十匹马拉石滑行运输。当将此巨石运出山区到良乡时，朝中不少大臣、官员和文人去良乡观赏这尤以大、奇、灵、秀、"玲珑嵌空，窍穴千百"为特色的园林佳品，并认为它可以与宋代名石相媲美。此石当时轰动京都，大大超过了皇家御苑的置石品位，为此也惊动了魏忠贤一党。米万钟对奸臣当政者不屈不谀，当然难以逃脱魏忠贤的陷害，该私党五虎之一倪文焕编造罪状，使米万钟遭受诬陷，因而获罪丢官。

轰动京都的灵秀巨石从此搁置良乡停止运送。人们疑惑不解，一些文人墨客向米氏探询。米万钟惟恐说出真情会惹出更大祸害，就托言因运石而力竭财尽，表示无奈。此后人们越传越出奇，遂将此石称为"败家石"，此后该巨石就因米氏败家而出名。

老北京的传说（续篇）

乐寿堂前的庭院里,一个雕刻海浪纹的石座上,横卧着一块海青色的大石头,上有乾隆皇帝的题字"青芝岫"。这块山石长8米,宽2米,高4米,重约二十几吨,就像立在当院的一面屏风。由于多年风化,现在"青"字已脱落,"芝岫"二字还清晰可辨。乾隆的《青芝岫诗》也还残留于石上,东侧的"莲秀",西侧的"王英"均清楚可见。为了迎合乾隆的兴趣,大清朝一批大臣也在石头上题诗助兴。皇封或是臣题均属石之最高待遇与光彩,超越了别处之石艺术价值与尊贵地位,使此石别于它处之石。

百年之后,清乾隆皇帝去河北易县西陵为父亲雍正扫墓。路过良乡时,太监禀报米万钟觅石获罪等细节,乾隆大感兴趣,御驾亲往,见石姿不凡,大喜过望,即降旨将其移进清漪园内。当时乐寿堂的正门已经修好,但大门只有一米多宽,米氏遗石身大体重,难以进院。乾隆下令拆墙破门,硬是把这块巨石安放于现在的地方。在它左右又分别竖起了两块形状别致的太湖石,以烘托气氛。据说皇太后因此大为不悦,认为此石"既败米家,又破我门,其名不祥",母子之间因此闹了一场不小的别扭。

乾隆把此石置在乐寿堂后,经常观望欣赏,并根据此石的形状和润色,同时也考虑到母亲的讳忌,取意石岩突兀如青芝出岫,给此石起名"青芝岫",并将三个字刻在石头上。同时,乾隆采取各种方式说服太后,有关大臣和太监等非常领悟乾隆的爱石心态,各施技艺,渲染"青芝岫"美在何处,意在何处,叙说"吉祥"神韵,并深入浅出与皇权联系起来,请太后到现场观看,结果太后被感悟,终于认同此石,至此一场母子矛盾烟消云散。

"败家石"

玉澜堂外"子母石"

既然说到了颐和园,我们就再说一个这里的故事。

在颐和园玉澜堂正殿前,有一对守门石。传说这石头是一雄一雌,日日夜夜,冷眼相望。雄的是光绪,雌的是慈禧,人们管它叫"子母石"。

1898年"戊戌变法"失败以后,慈禧把光绪囚禁在瀛台。有一次,慈禧来颐和园游玩,她不放心把光绪和珍妃留在紫禁城里,就

玉澜堂在颐和园昆明湖畔。清乾隆十五年(1750)建,光绪年间(1875—1908)重建。是光绪帝的寝宫。光绪二十四年(1898)戊戌政变失败后,慈禧曾幽禁光绪于此。

把他们两人也带了来。光绪和珍妃虽然是一同去颐和园的,但互相不能见面。

到颐和园后,光绪被囚禁在玉澜堂的隔室里,有一堵厚厚的墙把他和外面隔绝起来。他在屋内,透过窗户,看着外面的景物,无限伤心。看鸟,鸟啼哭;看花,花流泪;看天,天昏暗。他孤苦伶仃,就更加想念患难中的珍妃了,可满腹心事,又不能向别人吐露。

光绪的凄苦,只有他的贴身太监王商能领会。一天晚上,王商趁慈禧睡了,买通了看守珍妃的宫女,偷偷地把珍妃带到玉澜堂和光绪会面。俩人相见,有说不尽的知心话,真是难分难舍。牛郎织女,天河相隔,每年七月初七,还能相会一次;而他们两人这次相见后,就不知要到何年何月才能再见面了。他俩说了哭,哭了说,月过中天了,珍妃还不忍离去。

正在这个时候,传来了殿外小太监的咳嗽声。王商一听,不好!不是西太后来了,就是西太后的亲信来了。这是王商早就布置好了的,他把那些亲信小太监安排在外面值班,如果见西太后或她的亲信来,就以咳嗽为号,一个传一个。

怎么办?珍妃此时要走,已经是来不及了。西太后要是知道了

恪顺皇贵妃(1876—1900),他他拉氏,满洲镶红旗人,人们一般习惯按她曾获封的"珍妃"来称呼她。清朝光绪皇帝的侧妃,也是光绪帝最为宠爱的妃子,生于光绪二年二月初三,为礼部左侍郎长叙之女。

玉澜堂外"子母石"

这事，不仅光绪和珍妃有吃不完的苦头，连王商和那些小太监们的脑袋也都得掉了。光绪吓得浑身哆嗦，珍妃含着眼泪对王商说："我死了不要紧，只是把你们害了。"王商连忙说："圣上、珍主子自请放心，奴才有办法。"说完，他走到殿东南角的那个穿衣镜后面，用手一拧，穿衣镜的镜框就开了，里头是个小暗室，正好能容一人。珍妃藏了进去，王商再用手一拧，镜框又关上了，严丝合缝，不露半点痕迹。原来，这是王商为了防备万一，早就请人准备好的。不到万分危急时不用，平常也不对任何人说。

　　过了一会儿，只见灯火通明，前呼后拥，李莲英领头，后边一群宫女拥着慈禧到玉澜堂来了。原来，那天晚上，有个慈禧的亲信小太监发现夜深了，玉澜堂里还有灯光，就起了疑心，想来看个究竟，却被光绪的小太监挡了回去，说圣上夜读，不准干扰。那个小太监就报告了慈禧，慈禧是多疑心狠的家伙，就亲自来了。

　　西太后来到，光绪连忙跪迎。西太后坐定后，发现只有光绪秉烛夜读，王商做伴，没有什么可疑之处，就假仁假义地说："皇上要保重身体，不要操劳过度……"光绪的心，此时正七上八下，

玉澜堂外"子母石"。

此双石在玉澜堂前，俗称子母石

他只担心珍妃被人发现,对慈禧说了什么,一个字也没听进去,只是应付着:"好!好!是!是!"慈禧见自己说了那么一大通"关心"的话,光绪连一句"谢谢亲爸爸"的话都没说,一下子火了。她指着门口左边的那块守门石生气地说:"你呀,无情无义,简直是块石头!"她这一嚷,光绪吓了一跳,连忙跪下说:"是,是,孩儿是块石头。"慈禧恶狠狠地瞪了他一眼,一抬屁股,走了。

慈禧走后,光绪立在门口,对着右边的那块石头,喃喃地说着:"我看你的心呀,比这石头还要冷呀!"

从此,颐和园里的太监、宫女们就叫这两块石头为"子母石",这叫法一直流传到现在。

光绪三题金匾

在颐和园东宫门的中间檐下，悬挂着一块九龙金匾，上书"颐和园"三个大字。字迹苍劲有力，挥洒自如，这是谁的手迹呢？

相传，颐和园刚刚修复完毕，慈禧太后找来主管建园的工部大臣，要他找人写块金匾悬挂在东宫门上。工部大臣想来想去，想到了光绪皇帝乃一朝君主，只要他来题写，自己也能在万岁爷面前赏个脸。想到这儿，他便去求见光绪皇帝。

光绪皇帝当然乐意，就提起御笔在铺好的一张宣纸上"刷刷

东宫门是颐和园的正门。宫门为五扇，三明两暗。正中设三个门洞，中门叫御路门，为慈禧太后和皇帝、皇后进出专用的；两旁门洞供王公大臣出入。门檐下是光绪皇帝御笔题写的"颐和园"匾额。

刷"地写了起来。工部大臣接过一看,"颐和园"这三个字写得东倒西歪真叫难看。他左瞧右瞧,总不顺眼,想不到堂堂的一朝之主,竟写得这么一手歪字,怎么往大门上挂呢？可当着皇帝的面,他又不敢说不好,只得照着这手迹,美化了半天,做出了一块大匾,挂在颐和园的东宫门上。

大匾挂上三天后,慈禧太后来到颐和园游湖,当轿子抬到东宫门,她一眼看见了宫门檐下挂着的大匾,气得火冒三丈,当即叫人找来工部大臣,问这匾是谁写的。工部大臣不敢撒谎,如实说了情况。慈禧太后瞪了他一眼,说:"此字不雅,定是尔等私写,也敢悬挂在宫门之上,快给我摘下来!"工部大臣见老佛爷发了怒,也不敢说别的,只吓得浑身颤抖,连忙叫人把匾摘了下来。

又过数日,光绪皇帝也来颐和园,他一见东宫门上的大匾没了,便质问工部大臣是咋回事。工部大臣吓得连忙跪在地上,把前几天老佛爷叫摘大匾的事儿讲了一遍。光绪皇帝一听,也没再说什么。到了晚上,光绪住在了颐和园的玉澜堂,他想重新为宫门题字,可一连写了十几张纸,都不甚满意。正在这时,工部大臣进来说:"万岁爷,已是二更天了,为何还不入睡？"光绪指指龙案说:"朕想再题字,只是不佳。"工部大臣凑到案前看了看上面摆着的字,说:"以臣之见,闭门而写,不如请师求学了！"光绪觉得这事不好到处宣扬去请老师,心想:只是我这堂堂的当今天子万岁皇帝,怎能拜臣民为师呢？因此就有些犹豫。

"在建园时,有个叫王家福的木匠,写得一手好字,家就住在园子东面的村子里。"工部大臣明白光绪的尴尬之处,便继续说:"万岁爷若是要学,臣倒有个办法。"他凑到光绪身边低语了几句,光绪连连点头称好。

第二天早上,光绪换上便装,顺着颐和园的东堤出了新宫门,

朝园子东面的小村庄走去，来到村里见了王木匠，就连忙作揖。王木匠慌了，还礼后说："先生到此，有何见教呀？"光绪说："愿拜师学字！"王木匠连说"不敢当"，热情地将光绪让到里屋，指着墙上的几幅字画，给他讲起了刻苦练字的奥妙。光绪听得入了神。接着，王木匠又手把手地教他写起字来，写了一张又一张。

光绪一连半个月都到王木匠家求教，写字大有长进。为表谢意，他把王木匠请进了颐和园。王木匠见到小徒弟原是堂堂的万岁爷，吓得连忙跪下叩首。光绪忙扶起他说："皇上也是凡胎肉骨，理应不耻下问。"王木匠见皇上平易近人，就更加精心地教他写字了。

转眼到了重阳节，光绪皇帝将满朝文武百官召到玉澜堂，然后命人将一张如匾大小的宣纸铺在龙案上，接着拿起足尺湖笔，蘸饱松烟徽墨，挥笔在纸上写下了"颐和园"三个大字。众大臣看罢，从内心里连连发出叫好声。光绪端详了好一会儿，自我感觉良好，便叫人呈给慈禧太后，请她过目。老佛爷看了十分满意，然后叫人照此字重新做了一块九龙金匾，又挂在了颐和园东宫门的中檐下。

光绪，清德宗爱新觉罗·载湉的年号，清朝使用此年号共三十四年。同治十年(1871)生于北京宣武门外太平湖畔醇王府，为醇贤亲王奕譞次子。由于其兄早殇，同治十三年，同治帝病逝后以醇亲王长子身份入宫为帝，其时年仅4岁，成为满清入关后的第九位皇帝。

寿龟与铜牛

　　站在佛香阁上，仔细眺望坐落在碧波中的龙王庙圆形岛和由岛上引出的十七孔桥，以及桥头的八方亭，仿佛是一只巨大的乌龟，正在水中引颈前行，头已经到了岸上。今天就说一段关于这昆明湖中寿龟的传说。

　　颐和园修好后，慈禧打算当年的生日就在颐和园里大办一场，好取个吉利儿呀。临到慈禧生日的头几天，她打发自己的心腹太监李莲英去颐和园看看，瞧那里准备得怎么样了？这李莲英赶到颐和园一看，嘿！真是美不胜收：到处是雕梁画栋，殿阁楼台，青松翠竹，

在昆明湖东南部十七孔桥的东端，有一座八角形的大亭子，叫廊如亭，俗称八方亭，建于清乾隆年间。当时因无东墙，由此放眼东南无际的绿色田野，视线极其开阔，故取名"廊如亭"。这座亭子是全园最大的，也是我国现存同类建筑中最大的。

奇花异卉,真可算人间仙境。可就是有一处不满意。哪儿呀?敢情是昆明湖里还没放水。李莲英立刻命人开闸放水,把那玉泉山的水引入昆明湖。这水闸一开,水马上就灌进了昆明湖,从早晨放到晚上,才算把昆明湖灌了个差不离儿。

这天晚上,李莲英把园子里所有的灯都点上,一时间,颐和园里灯火辉煌,把湖水都照得闪闪发光。李莲英坐在排云殿前的码头上,面对这良辰美景,十分得意。他指手画脚地对一群随从们说个没完。正说着,他忽然觉得情况不对,只见那湖面上一阵阵波涌连天,随即感到冷风扑面。再仔细往远处一看,可糟了!只见对面的园岛——"寿海"里的乌龟,居然动了起来,而且昂起了它那十七节的长颈,向岸边上游去。这一下儿,可把李莲英这伙人给吓坏了,直吓得他们屁滚尿流,两腿迈不开步,一个个瘫在地上哭嚎。可巧就在这时,颐和园的墙外边传来了一阵牛叫,原来是颐和园外六郎庄上的一辆牛车,因为回来晚了,那老黄牛又渴又饿,走到颐和园墙外时叫了起来。它这一叫不要紧,这昆明湖里的大乌龟,刚把头伸到岸上,听到叫声就不动了。为什么呢?据传乌龟就怕听见牛、驴的叫声,牛或驴一叫,任它多大的乌龟也不敢动弹了。俗话说,一物降一物嘛。这时,

李莲英(1848—1911),又作李连英,原名李进喜,莲英是由慈禧起的名,出生在直隶河间府,今河北大城县臧屯乡李贾村人。是清王朝慈禧时期的总管太监,被人们呼为"九千岁",是清末最有权势的太监。

老北京的传说(续篇)

风也停了,浪也静了,龟也不动了。李莲英这伙人才战战兢兢,连滚带爬地出了颐和园。

　　第二天天刚亮,李莲英想着头天晚上的茬儿,便让人赶铸了一头大铜牛,放在了岸边上,并在半身上刻了"镇海神牛"四个字,意思就是让它镇守着这只乌龟。事后,慈禧听说了这件事儿,又让人在龟背上修了座龙王庙,让龙王爷骑到了龟身上。从此,这只寿龟再也不动了。

　　这件事儿,很快就在北京城传开了。老百姓们都埋怨六郎庄上那个赶牛车的人。他们说,要不是他的黄牛叫,李莲英这些坏蛋们,早就喂乌龟了。

牛尾巴的故事

　　风景如画的颐和园有很多名胜。镇海铜牛尤其吸引着中外游客,无人不为它的精美造型和栩栩如生的神态赞不绝口。不过您要是仔细看一下,会发现铜牛尾巴是断的。有人会问,好好的牛尾巴怎么会断了呢?这里面有各种说法,其中一种说法就是,这牛尾巴让日本人给偷走了,是后来才给追回来的。

　　光绪年间,离颐和园不远处有个打煤场。打煤场这有家铜铺,就俩人。掌柜的叫王文元,自小学手艺,一手好铜活。他带着自己的侄子王顺才,爷俩儿支撑着门脸儿。

　　这一年修建颐和园,从圆明园弄来一尊狻猊铜香炉,想摆在仁寿殿前头。

　　可不知怎的,狻猊香炉断了一只腿。西太后吩咐找手艺高强的铜匠来修补,一下子请来了很多

狻猊(suān ní),传说中龙生九子之一,排行老七,是一种猛兽。形如狮,喜烟好坐,佛祖见它有耐心,便收在胯下当了坐骑。所以形象一般出现在香炉上,随之吞烟吐雾。此图为通州三教庙内香炉上的狻猊。

铜匠,大伙一看全皱眉头。这活太不好干了,哪怕重新铸都行,可是照原样补上太难了。不是一锅化的铜,成色不一样,就是勉强补上去,明眼也能看出来。后来,有人就把王文元叫来,王师傅看看活点点头,没几天就交活了。要不说"钱压奴婢手,艺压当行人"哪!真有能耐,怎么看也看不出来后接上的痕迹。

嗨!这一下可给王师傅铜铺扬名了。人人都知道打煤场铜铺给皇家干过活,手艺非凡哪。

这一天,眼看快到八月十五了。中午吃完饭,王师傅就说了:"顺才呀,下午我出去一趟。八月节了,我买了点月饼、水果,看看几个老主顾去。你自己照应一下吧,等天一擦黑,关门上板。""哎,您放心吧。"

王师傅嘱咐完就走了。铺子里就剩下王顺才一个人,他擦擦柜台、收拾收拾东西,只等到傍晚,看看没什么事,正打算关门,哎,进来个人。这人个儿不高,一米四左右,小脑袋瓜,小平头,小胡子,小眉毛,小嘴,小尖鼻子,小黄眼珠,全小一块儿去了。

王顺才一看,赶紧打招呼:"哟,先生,您有事啊?"

这人一说话,舌头根子挺硬:"啊,我想借你们的试金石①!"

王顺才一听,赶紧赔笑:"先生,真对不起,掌柜的没在家,我做不了主,再说试金石从来不外借。"

"不行!我和你们掌柜的是好朋友。这次主要是家里有几件珍宝,想验一下成色。我就在前边住,咱们是邻居,借给我吧。"

王顺才一听,这人是邻居,又认识王掌柜,一伸手就把试金石递给他了:"您可想着马上送回来,省得我挨说。""好,谢谢你,你的,大大的好!"

这人说完话,拿起试金石转身就走。王顺才看着这人背影,觉着不对劲,看他这样怎么不像中国人呢?再说,这邻居怎么没见过

① 一种黑色坚硬的石块,用黄金在上面画一条纹,就可以看出黄金的成色。比喻精确可靠的检验方法。试金石的矿物学名称为碧玄岩,又称燧石板岩、硅质板岩等。属玄武质喷出岩,致密坚硬,呈黑色。作为观赏石以通体黝黑者为优,若其上又有如游丝状金线,则为上品。试金石形态各异,有的圆润如卵,有的布满波纹状坑洼起伏,有的留有如同人指甲掐过的痕迹,成为"指甲痕"。试金石又名玄玉。

牛尾巴的故事

呢？心想："不行，我得跟着瞧瞧。"

王顺才把门带上锁好，看着那人的背影，就跟出来了。

这人到底是谁呢？

王顺才猜得一点都没错，这个真不是中国人，是日本人，名叫海闪掩大郎，1900年八国联军入京的时候，他就随着日军来到中国，后来一直就没回去。

自从海闪掩大郎来到中国，他就对这片富饶的土地露出贪婪之相。他觉得中国什么都好，什么都是宝贝，恨不得自己这两手变成两把耙子，好搂东西。他看见中国的宝物，无论是名人字画，还是古玩玉器，只要能弄过来就想尽一切办法，实在没辙，就偷，就抢。这些年有许多珍贵文物流入他手中，腐败的清政府对此却不闻不问。

除了各处搜集文物，海闪掩大郎还开了一家古玩铺，搜集一些奇珍异宝。不过他也经常上当，有人知道他是文物贩子，所以经常弄点假东西骗他。

其中有个叫智多星的人，非常聪明，而且痛恨这种文物强盗，便总拿点东西骗他。

这天，智多星来了，一见海闪掩大郎就说："海闪先生，我这有件宝贝，看看卖给您吧。"

海闪一听，宝贝！高兴了，问道："什么宝贝？"

"您瞧。"

智多星手里有个长棍儿，外边拿黄绸子包着，打开黄绸子一看，里边有根破竹竿。

"海闪先生，您看这宝贝。"

"这……这是什么宝贝？"

"哎哟，别摸，这东西乃无价之宝。"

"这是？"

"哎哟，要说起来，话可就长了。"

"来，您坐下，详细说说。"

智多星坐下，理了理小胡子，说道："要说这宝贝可有年头了。三皇治世，五帝为君，传到商朝。纣天子荒淫无道，信宠妲己，残害忠良，百姓怨声载道。此时出了一人，姓姜名尚字子牙，道号飞熊。他自昆仑修道下山以来，时运不至，贩过牛羊，卖过米面，又在街头卜卦，乌砚台打死玉石琵琶精，惹下大祸，后来在渭水河边垂钓，愿者上钩。文王夜得一梦，梦见飞熊入帐，郊外打猎，必得贤臣。那一日，文王行至郊外偶遇武吉拦路，将文王引至渭水，见一道长白发白须，真乃仙风道骨。文王拉辇太子拉套，拉了八百单八步，到后来扶保周朝八百单八年，斩将封神，太公在此，诸神退位。这根竿就是当初太公垂钓的渔竿。"

"哦！"海闪都听傻了，毕恭毕敬地接过来："先生，要多少钱？"

"不多，货卖识家，咱俩又有交情，八百两银子。"

"好，我买。"

海闪当下给了智多星八百两银子，把这根竹竿珍藏起来，准备运去日本。

"智先生，以后有什么好东西，还要送到这里来。"

"您放心，准送来。"

智多星心里这个乐呀，马路边刚捡的破竹竿能卖他八百两银子，看来就得骗他。过了没几天，智多星又来了。

姜尚（前1128—前1015），字子牙，吕氏，尊称太公望，武王尊之号为"师尚父"，世称"姜太公"。汉族（华夏族），东海上（今安徽临泉县姜寨镇）人。姜太公是齐国的缔造者，周文王倾商武王克殷的首席谋主、最高军事统帅与西周的开国元勋，齐文化的创始人，亦是中国古代的一位影响久远的杰出韬略家、军事家与政治家。历代典籍都公认他的历史地位，儒、道、法、兵、纵横诸家皆追他为本家人物，被尊为"百家宗师"。

牛尾巴的故事

"海闪先生,我来了。"

"好,请坐,智先生又带何宝物啊?"

"哎呀,海闪先生,这可是无价之宝呀!"

智多星打开包,拿出一个破砂锅,都是泥,又脏又破。

海闪问:"这是?"

"哎呀,海闪先生,可别小看,这是无价之宝。想当年元顺帝无道,天下英雄纷纷揭竿而起。大丞相脱脱设下一计,召选天下英雄进京比武,在武科场中设下十条绝后计,要把天下英雄一网打尽。那时节,安徽朱元璋带领常玉春、胡大海等人进京比武。武科场中,多亏了怀远安宁黑太岁和打虎将军常玉春,他马跳贡院墙,戳枪破炮,摔斗跳台,扯天子半副龙袍揪袍捋带,酒泼太师,杯砸怀王,单膀力托千斤闸,解救了天下英雄。

四爷朱元璋于万马千军中闯出重围,来到荒郊,只觉得头又晕,眼又花,扑通一声栽下马来。多亏了两个花郎乞丐见朱元璋面如重枣,凤眼龙眉,七孔朝天,面生黑痣,心知生有异相,必为贵人,便将朱元璋抬进庙中,架火烧锅,内放白菜豆腐残羹剩饭,美其名曰珍珠翡翠白玉汤。朱元璋吃后只觉得神清气爽,拜谢之后又奔疆场。到后来,推倒大元,建立大明,朱元璋身登九五,执掌万里乾坤,将那两个花郎乞丐请进宫来,加官晋爵,又将那砂锅封为御前救驾一品砂锅。后大明灭亡,此物流失,几经辗转才到我手。海闪先生,就是这个砂锅,我最少卖您一千两!"

朱元璋,明王朝的开国皇帝。原名重八,后取名兴宗。汉族,濠州(今安徽凤阳县东)钟离太平乡人,25岁时参加郭子兴领导的红巾军反抗蒙元暴政,龙凤七年(1361)受封吴国公,十年自称吴王。元至正二十八年(1368),在基本击破各路农民起义军和扫平元的残余势力后,于南京称帝,国号大明,年号洪武,建立了全国统一的封建政权。死后葬于明孝陵。

老北京的传说(续篇)

海闪接过砂锅，两眼发直，冲砂锅连鞠三躬，口中不住地念叨："宝贝，宝贝！"

智多星拿着一千两银子出来，这个乐呀，刚从要饭的那买的破砂锅，能蒙他一千两。

过了没三天，智多星又来了，这回拿来一条头发辫子。海闪一看："哟，智先生，这又是什么宝贝呀？"

智多星乐了："海闪先生，这可是皇家之物。大明末帝崇祯，有道无福，在位十八年，旱九年涝九年。民不聊生，怨声载道。逼反了闯王李自成、大西王张献忠，大兵直抵京畿。崇祯帝击鼓撞钟，召集文武。文官不见，武将不朝，只有先奸后忠司礼大太监王承恩一人护驾。李国祯棋盘街坠马，崇祯帝煤山自尽。李闯王进京，刘宗敏霸占陈圆圆，山海关气坏了吴三桂，下沈阳请清兵。摄政王多尔衮率兵进京，江山易鼎，改国号大清。顺治皇爷登基，孝庄皇后为保儿子皇位，嫂嫂嫁小叔，下嫁给了多尔衮。顺治七年，多尔衮病死，顺治

王承恩(1617—1644)，明末宦官，河北省邢台县白岸乡白岸口村人，属太监曹化淳名下，官至司礼秉笔太监，深得崇祯信任，北京被围时提督北京兵马。崇祯十七年(1644)三月十九日早上，崇祯帝朱由检由太监王承恩陪伴登上煤山（景山），吊死在山腰寿皇亭附近的歪斜老槐树上。王承恩也吊死于旁边的海棠树上。此图为思陵附近王承恩墓。

牛尾巴的故事

亲权。不料，宠妾董鄂妃得病去世，顺治爷万念俱灰遁入空门。抛下万里江山，剃头落发，隐入五台，临行前曾留诗叹曰：

　　天下丛林饭似山，钵盂到处任君餐。
　　黄金白玉非为贵，唯有袈裟披最难。
　　朕为山河大地主，忧国忧民自转烦。
　　百年三万六千天，不及僧家半日闲。

　　海闪先生，您看，这条辫子就是顺治皇爷剃度的法辫，真正的龙发。货卖识家，甭多给，您给两千五！"

　　海闪掩大郎手托发辫，眼泪都掉下来了："宝贝，宝贝，给您钱！"智多星接过银子放好。两人坐下来，海闪说："先生，感谢您提供宝物，可是这些东西都有些小，有没有大一点的宝物？"

　　智多星心说："海闪哪，真是个强盗，跑到我们国家抢东西，还嫌小。好，我再蒙蒙你！"于是说："哦，想要大的？有！"

　　"在哪？"

　　"颐和园有个镇海牛，明着是铜，实际是个金的，你何不把那个弄走？"

　　海闪一听："金牛，嚯！这得多少金子，太好了，我得把它弄走。"

　　打这起，海闪便把这牛当成心事了。可是不是金的，他也没底，所以才到王家铜匠铺借试金石，想试一试。

　　王顺才看他不对劲，所以在身后跟着他。海闪也不知道，拐过两个弯，有个小院子，海闪进了屋，王顺才也跟进来了，扒着窗户往里看。

　　此时，天已经黑了。海闪换上一身黑衣服，拿了块黑头巾，又把试金石揣进怀内。王顺才一看："这小子要做贼呀，不行，我得跟着他。"

铜牛在昆明湖东岸,十七孔桥东桥头北侧。1755年用铜铸造,称为"金牛"。铜牛是为镇压水患而设。当年乾隆皇帝将其点缀于此是希望它能"永镇悠水",长久地降服洪水,给园林及附近百姓带来无尽的祥福。为了阐述建造铜牛的意义,乾隆皇帝特意撰写了一首四言的铭文,用篆字书体镌刻在铜牛的腹背上。铜牛是颐和园昆明湖东岸边一道独特的人文景观和艺术珍品。

等到天黑透了,海闪从屋里出来一闪身,从院墙跳了出去。王顺才从小学过功夫,在后边紧紧跟随,跑来跑去,跑到了颐和园的二龙闸。海闪到了墙跟前,一纵身,嘿,进园子了。

王顺才也不含糊,跟着进了园子,找来找去一看,嚯,这小子正趴在镇海铜牛的屁股上,用小钢锯吭哧吭哧地锯牛尾巴呢。不用多费力,牛尾巴就锯下来了,他揣起牛尾巴,转身又奔了围墙。

王顺才一看:"哦,把铜牛当金牛了!我说这小子借试金石干什么呢!"海闪一边跑一边念叨:"吆西,金牛大大的好。"嗯?日本人!王顺才这气呀!"好小子,偷我们东西,哪里跑?"他一伸手捡起一块石头,海闪也没看见有人,就觉得脑后生风。"咣!"当时海闪就昏过去了。王顺才扯了几根藤条,拧成绳子把这小子捆上了,又找了点东西把嘴给堵上,一伸手提起来往墙角一扔,又从海闪怀里把铜牛尾巴掏出来揣好了,翻过墙头就回去了。

转天一早,看园子的就发现牛尾巴没了,正着急呢,王师傅就带着王顺才来了,说明情况后拿着铜牛尾巴,三下两下就给接上了。

牛尾巴的故事

王顺才领着大家来到墙角这一看,海闪掩大郎还在这捆着呢。王顺才一伸手,从他怀里搜出试金石,太监们一看,上边还刻着"打煤场铜铺"的字号。

王师傅一伸手抓住海闪的脖领子,左右开弓给了两个大嘴巴,大声说道:"你听着,不要如此贪婪,看我国什么东西都要霸占,老老实实滚回日本去!倘若再来,小心你的脑袋!"

十七孔桥

北京地区流传着一句歇后语：卢沟桥的狮子——数也数不清。这句话里的卢沟桥，确实以桥栏上雕刻的石狮子著称，一来狮子雕刻得精，二来狮子的样式多。但其实，颐和园里的十七孔桥，雕刻了五百多只石狮子，比卢沟桥的还多好几十只呢！

相传，在乾隆年间修十七孔桥的时候，请来了许多能工巧匠。那晶莹洁白的汉白玉，是石匠们一斧一凿从房山的大石窝开采，并流着汗水一步一步把它运来的。

> 十七孔桥，清乾隆（1736—1795）时建，为园内最大的石桥。桥由17个孔券组成，长150米，飞跨于东堤和南湖岛，状若长虹卧波。其造型兼有北京卢沟桥、苏州宝带桥的特点。桥上石雕极其精美，每个桥栏的望柱上都雕有神态各异的狮子，大小共544个。两桥头还有石雕异兽，十分生动。桥额北面书灵兽偃月，南面书修炼凌波。

有一天，修桥工地上来了一个七八十岁的老头儿，头发长得过耳根台子，脸上的土有一个铜子厚。他背着工具箱子，一边走一边吆喝："谁买龙门石！谁买龙门石啊！"工地上的人看他那脏劲儿，都以为他是疯子，没人搭理他。老头儿在工地上转悠了三天，也吆喝了三天，还是没人理他。

有一天，他背着工具箱离开了工地，往东走到六郎庄一棵大槐树底下，待住不走了，他夜里就睡在树底下，每天鸡叫头遍起身，抡起铁锤，叮叮当当凿一块大石头。

一天傍晚，风雨飘泼，迷得老头睁不开眼睛。他双手抱头，蹲在树底下避雨。正好，村西住的王大爷打这儿路过，见那个老头畏畏缩缩的样子，挺心疼的，就让他搬到自个儿家里去住。

老头儿搬到王大爷家，有房子住，还有饭吃。他整整住了一年，也叮叮当当一天不停地凿了一年那块大石头。一天早晨，他对王大爷说："今天我要走了。我吃你的饭，住你的房，你的恩情我一辈子也忘不了。我也没有什么报答的，就把这块石头留给你吧！"王大爷瞅了瞅汉白玉的石头，对老头说："你也别说报答不报答。为这块石头，你劳累了一年，还是你带走吧！我要它也没用。"老头说："我这块石头，真要到节骨眼上，花一百两银子还买不到呢！"说完，他背起工具箱，顺大道往南去了。

颐和园里修建十七孔桥的工程快完工了，听说乾隆皇帝还准备亲自前来检查！没料想到，桥顶正中间最后那块石头，怎么也凿不好、砌不上。这可急坏了工程总监！这时候，有人想起了那个卖龙门石的老头子，提醒总监，总监就派人四面八方地去找他。

工程总监打听到那个老头在六郎庄住过，就亲自来到王大爷家。他一眼看到窗底下那块大石头，就蹲下来量了量尺寸，结果是长短薄厚一分不差，好像是专为修桥琢磨的一样。总监高兴得合不

拢嘴,对王大爷说:"这是天上下来神人专为修桥凿的,可救了我的急啦!你张口吧,要多少银子我都给。"王大爷说:"你也别多给,那老头在我家吃住了一年,你就给我一年的饭钱吧!"总监留下一百两银子,就把这石头运走了。

这块龙门石砌在十七孔桥上,不偏不斜,严丝合缝,从远看就像一个大门正好给关上了。现在大家才明白为什么当初那个老头儿要喊龙门石了!

那些石匠、瓦匠们,人人都吐了一口气:总算把石桥修成了呀!要不然,皇上怪罪下来,还有大伙的活路吗?正当大伙高兴的时候,有个老石匠忽然醒悟过来,对大伙说:"诸位师傅现在该明白了吧,这是鲁班爷下界,帮咱们修桥来啦!"

从这以后,鲁班爷帮助修建十七孔桥的故事,就流传开了。

石狮子就是用石头雕刻出来的狮子,是在中国传统建筑中经常使用的一种装饰物。在中国的宫殿、寺庙、佛塔、桥梁、府邸、园林、陵墓,以及印钮上都会看到它。但是更多的时候,"石狮"专门指放在大门左右两侧的一对狮子。此图拍摄于北京正阳门城楼南侧。

十七孔桥

"黑姑娘"

光绪十四年（1888），颐和园经过一番重修，以后每逢春暖花开，山青水绿，慈禧总要带上宫娥彩女，登上龙船在昆明湖里畅游一番。

这一年船到龙王庙，有个太监向前奏道："启禀老佛爷，湖里有黑鱼接驾。"慈禧听了半信半疑，定睛一看，果然有一条黑鱼在离岸不远的湖面上一边张嘴闭嘴，一边摆动着尾巴。慈禧真是又惊又喜，贴身太监凑近慈禧耳朵说："老佛爷德配天地！黑鱼可是慕名而来啊。"慈禧被说得眉飞色舞，她早就梦想着当天上的王母娘娘，就借此问众人："你们看我像不像天上的王母？"左右一齐答道："老佛爷正是王母下凡。"慈禧听了竟手舞足蹈起来，之后又自觉失态，便

龙王庙，即广润灵雨祠，位于颐和园昆明湖中南湖岛上，常作为宫中祈雨之所。清乾隆前称"龙王堂"。昆明湖向东开拓时，保留东界长堤上庙址及周围土地，成水中南湖岛。因当时湖有"西海"之称，故庙以"龙王"名之。

故作庄重地说:"我看黑鱼准是讨封来的。这样吧,传我手谕,宣黑鱼觐见!"两个小太监接过手谕,三拜九叩,回转身来相对一望,都犯了难:这黑鱼可怎么请啊!老佛爷金口玉言,没法子,只好下湖去!

两个小太监驾起一条小船,船上摆了一张虎皮椅子,椅子上又放了一块黄绫子,两人手持一张渔网便到湖心请客人去了。赶到湖心,哪里还有黑鱼的影子啊?两人捞了一天,除了一些草鱼、鲢鱼,什么也没有捞到。原来,那条黑鱼是那个太监为了讨慈禧喜欢,事先抓起来养着的,慈禧快到龙王庙时,他在岸边撒了不少黑鱼爱吃的酒糟,把黑鱼放了,黑鱼一见吃食,就不动了。这会儿黑鱼早游走了,他们上哪里捞去啊?两个小太监垂头丧气地禀报慈禧:"客人没请来。"慈禧一听火冒三丈:"我请的客人敢说请不到?限三天之内请到,不然要你们的脑袋。"

就这样又过了两天,还是一无所获。到了第三天晚上,两个人真急了,眼看天一亮脑袋就得搬家。得啦!这一夜别睡啦!到湖里去吧!兴许还能碰碰运气。他俩挑着一个灯笼又上了船,这回两个人奔向十七孔桥,在那儿折腾了大半夜,还是阴天晒被子——白搭。两人抱头痛哭,哭声可大了,连湖水也翻起了浪花。哭也没用,两人只好再去捞,捞着捞着,也真巧,最后那一网,竟捞上了一条大黑鱼。二人一见破涕为笑,跪在船上冲着黑鱼就磕头。而后,他们用黄绫子将黑鱼裹起来放在虎皮椅子上,便往回划。当两人恭恭敬敬地捧着黑鱼上了排云殿时,天已经大亮了。

这两个小太监对黑鱼伺候得无微不至,但他们忘了一点:这是条鱼啊!离了水躺在虎皮椅上大半天,再用黄绫子这么一裹,哪还受得了。等到慈禧一看,黑鱼已奄奄一息了。

慈禧大怒,差点将这两个小太监给剐了。最后还是每人挨了四十大板,皮开肉绽下殿去了。慈禧又派人搬来一口缸,放上昆明湖水,将黑鱼放入缸内,半晌它才缓了过来。慈禧见它花纹清晰,油光

慈禧（1835—1908），满族，孝钦显皇后，又称"西太后"、"那拉太后"、"老佛爷"，徽号"慈禧端佑康颐昭豫庄诚寿恭钦献崇熙"。死后清朝上谥号为"孝钦慈禧端佑康颐昭豫庄诚寿恭钦献崇熙配天兴圣显皇后"。

水滑，很是高兴，说："赐给你一个名，就叫'黑姑娘'吧！"就这样，这条鱼就叫"黑姑娘"了。慈禧还赠了一副金耳环，命人给它戴上。这可把手下人为难坏了，鱼没耳朵可往哪儿戴呀？老佛爷的话又不能违背，还是一个老太监有办法，让人将耳环穿在鱼的两腮上，就这样，算是戴上了。慈禧一看，黑鱼配上金耳环，更精神了，于是对它说："命你今年八月十五晚上，带领湖中鱼、鳖、虾、蚌来知春亭接驾。"说罢又命人将黑鱼放回水中去。这条配了金耳环的黑鱼在阳光下一溜金光，潜入水底去了。

到了八月十五这一天，知春亭一带张灯结彩，慈禧在此大宴各家王爷、文武百官。说是设宴，实际上是让大家看看慈禧的威风，她要在此接受鱼、虾、鳖、蚌的朝拜。文武百官和各家王爷早就听说了黑鱼的事儿，都正想看个稀罕，哪有不来的？

酒过三巡，菜过五道，慈禧传下手谕，宣鱼、虾、鳖、蚌前来觐见。文武百官和各家王爷立即离座分立湖边，太监们早在岸边撒下了鱼虫和酒糟之类的东西，不少鱼虾跑来吃食，都是头冲岸，尾朝外，像朝拜一样，可就是不见"黑姑娘"。两个太监手托老佛爷的手谕，冲着湖里千呼万唤，哪有"黑姑娘"的影子啊！文武百官的眼睛都瞪酸了，湖面上仍然风平浪静，只有一轮明月映在水中。慈禧一看大为扫兴，只好罢宴。原来那黑鱼上次被慈禧那么一折腾，早死在湖里了。

苏州街和泉宗庙

传说乾隆第二次下江南的时候,有一天,来到苏州城外,和一个亲信太监,打扮成香客,去寺庙里私访。他们来到一座尼姑庵,烧完了香,磕完了头,正在四下里张望,忽见迎面走来一个尼姑,那容貌如花似玉,宛若碧宫仙子。乾隆两眼直勾勾地望着她,魂儿都飞了出来。同去的太监只得轻轻拉了下他的衣袖,他才"啊"的一声,从梦中惊醒。

回到行宫后,乾隆立刻下了道圣旨,宣诏那尼姑进宫伴驾。伤脑筋的是:这个美人已削发为尼,公开选进宫去当嫔妃有违佛门清规。

乾隆回到京城以后,左思右想,最后想出了个办法,在昆明湖的南边,清水河西侧的蓝靛厂为她修建了一座半为行宫、半为庙宇的"泉宗庙"。那庙宇雄伟壮观,仅石雕牌坊就有七座,又临近清水河,河岸上桃花争春,风景十分幽美。乾隆每到西山一带游玩的时

据《日下旧闻考》载,泉宗庙在西郊万泉庄,乾隆三十一年建,庙内有涤泉二十八处,均赐以嘉名,并刻石以志之,一座园里有这么多的泉水,其景色之美妙可想而知。此处因泉多而名万泉庄,为了祭祀泉神,乾隆建庙,名曰泉宗庙。

候,泉宗庙就成了他的行宫,那个漂亮的尼姑就成了他的宠妃,尽情地讨取他的欢心。

有一年春天,乾隆到大觉寺降香归来,銮驾到泉宗庙,不见尼姑前来接驾,只见伴随尼姑的宫女跪奏道:"皇妃身体不适,不便接驾,望乞恕罪。"乾隆一惊,赶忙步入后宫寝殿,只见尼姑半躺榻上,泪眼愁容。乾隆俯下身子问道:"卿家所得何病?"尼姑道:"启奏皇上,我乃苏州人士,离乡已有数载。我没有别的病,只是想回家乡看看。"乾隆一听,哈哈大笑:"原来是思乡病,卿家何不早说?好办,好办。半年之后,我同卿家一同去苏州。"尼姑一听,病立刻就好了许多。

苏州街是颐和园后湖两岸仿江南水镇而建的买卖街,乾隆时建,是专供清代帝后逛市游览的一条水街。1860年被英法联军焚毁,1990年在遗址上复建。是我国古代"官市"的唯一孤本。

半年之后的一天,乾隆来到泉宗庙。尼姑跪接后,乾隆握着她的手:"卿家快点上辇,我这就与你同上苏州。""真的?"尼姑半信半疑。"君无戏言,我能骗你?"于是,尼姑忙让宫女打扮,上了辇,和乾

隆的御驾一道,前呼后拥,浩浩荡荡,出了蓝靛厂。行了不到半个时辰,銮驾突然停了下来。宫女打开帘子,对尼姑道:"启禀皇妃,苏州已经到了。"尼姑心中疑惑:怪了!从北京到苏州数月的路程,怎不到半个时辰就到了?她探出头来往外一瞧,这可不是苏州吗:街中心,一条小河,流水潺潺,小船缓缓划过;街两旁是南货和苏州小吃;那来往的人和卖货的人,全是地地道道的苏州口音。一到这里,就仿佛置身于江南水乡。尼姑看了,心中大喜。

原来,乾隆为了讨得尼姑的欢心,下了一道圣旨,从蓝靛厂到南海淀挖了一条河,两边又修起了一条买卖街,从苏杭一带迁来了商贾、店铺,一时间把一个荒凉的地方变成了江南。从此以后,他就可以经常携带那尼姑来此欣赏苏杭风光,以解尼姑思乡之愁。这条街就叫苏州街。

直到后来,颐和园扩建,把苏州街也包括了进去,但那个泉宗庙却不知何时拆除了。

瓦盆换花园

北京大学燕园里的未名湖,那是个好地方。两百年前,这儿叫淑春园,是乾隆给和珅的赐园,按当年的说法,这么大的地方,和珅只用一个瓦盆就给换来了。

传说和珅是马屁精转世,吹牛拍马,数他第一。一次,乾隆从紫禁城到圆明园去玩,文武大臣也跟随前往。走到海淀镇,乾隆用脚在舆内蹬了两蹬,抬舆的太监赶紧停下。那些跟随的文武大臣,以为乾隆又有什么圣谕,慌忙下马的下马,停轿的停轿,跪伏在地,支棱着耳朵听着。可跪了好一会儿,乾隆也不开那"金口"。这时,只有一个人没跪。谁呢?就是和珅。他颠儿颠儿地跑到山货店里,拿了个瓦盆,又跑了回来,到了乾隆乘坐的龙舆跟前,跪在地下,一手撩起帘子,一手把瓦盆递了进去。一会儿,只听乾隆说了声:"行了!"和珅又是一撩帘子,把那瓦盆端了出来,瓦盆里是半盆尿。这时文武大臣们才恍然大悟。

未名湖,是北京大学校园内最大的人工湖,位于中北部,形状呈U形。湖的南部有翻尾石鱼雕塑,中央有湖心岛,由桥与北岸相通。湖的南岸有钟亭、临湖轩、花神庙和埃德加·斯诺墓,东岸有博雅塔。是北京大学的标志景观之一。

老北京的传说(续篇)

淑春园同北大所属的其他几座古园林相似，也是圆明园的附属园林之一。若论时间，它在几座古园林中应该位居畅春园与勺园之后，排名第三。只不过当时的淑春园似乎并无多少可观之处，园中以水田为主，建筑并不很多。等到乾隆皇帝赏赐给和珅后，淑春园的面貌才发生了大的改观，成为当时冠绝京师的私人园林。所以，淑春园的盛衰与和珅的命运有着密切的关系。

到了圆明园，乾隆对大臣们说："哼，你们一个个全都是笨蛋，不能领会我的心思，就和爱卿聪明。"然后用手往南指着淑春园说："和爱卿，我把那座园子赏给你了。"和珅喜不自胜，连忙跪下磕头："谢主隆恩。"就这样，和珅凭着他的小聪明，用一个小瓦盆换来了一座大花园。

从那以后，和珅更是摸着了乾隆的脾气，变着法儿讨乾隆的喜欢，成了乾隆最宠信的大臣，官越做越大，兼任多职，封一等忠襄公，任首席大学士、领班军机大臣，兼管吏部、户部、刑部、理藩院、户部三库，还兼任翰林院掌院学士、《四库全书》总裁官、领侍卫内大臣、步军统领等等要职，竟成了一人之下，万人之上的人物。

和珅做了大官，仍不满足。有一次，他跟乾隆去颐和园，见昆明湖西边有条大石船，就问乾隆："圣上，干吗这儿搁条大石船呀，划也划不动？"乾隆用手捻了捻胡子，得意地说："这你就不懂了，这石

瓦盆换花园

船就好比我们大清的江山,不管你风多大,浪多高,也是打不碎、推不翻的呀!"和珅连说:"陛下圣明,陛下圣明!"这小子回到宰相府的时候,就想:你的江山打不碎,推不翻,我的"江山"也照样打不碎、推不翻!于是,他也命人在淑春园里凿湖垒山,也做了条石船,放在湖里;还仿照御花园中的瀛台,在湖中堆了个小岛,栽上一些

此图为北京大学未名湖湖心岛南端的石舫残身。

枫树。枫岛石船,交相辉映。他想:"我这淑春园比你的皇家花园还精致呢!"别的大臣都知道这小子心怀鬼胎,但他有权有势,又有乾隆给他撑腰,谁敢惹他?

后来乾隆一命呜呼了。嘉庆继了位,嘉庆在当太子的时候就知道和珅心存不良,他一即位就把和珅扣了起来,让他自杀了。和珅的家产,包括乾隆赏给他的淑春园,全给抄没入了宫,那个石船上的建筑也被烧毁了,只有船身是石头的不怕烧,还留在那里。如果您有幸来到未名湖,也可以看看这座雕刻精良的石舫。

下村的黄影壁

很早以前，蓝靛厂就是个镇子。下村是属它管的一个小村，坐落在现今蓝靛厂大街南边，原清水河东岸百十米的地方。

早前这个村不叫下村，叫"兴隆庄"。相传乾隆年间，蓝靛厂的西顶庙成了皇帝的临时行宫，乾隆不时地来这里小住。

当时这里有个民间武术团体，叫"五虎少林会"，练有一套"少林棍"，据说是专请少林寺大和尚传授的。"五虎少林会"的小伙子个个武艺高强，力大过人，在京西一带很有些名气。

西顶庙创建于明万历三十六年(1608)，初名护国洪慈宫。清康熙五十一年(1712)改名为广仁宫。庙内供奉道教的女神碧霞元君。明清时期，北京建有众多的碧霞元君庙，其中最著名的5座庙号称"五顶"，广仁宫因地处城西，所以也被称为"西顶庙"。此图是从金源燕莎鸟瞰西顶全庙。

义和团，又称义和拳，或贬称为"拳匪"。义和团运动又称"庚子事变"，或被贬称为"拳乱"、"庚子拳乱"等，是19世纪末中国发生的一场以"扶清灭洋"为口号，针对西方在华人士包括在华传教士及中国基督徒所进行的大规模群众暴力运动。

乾隆皇帝平时很喜欢习武，他听说兴隆庄的"五虎少林会"练有一套好武功，总想亲眼看看。这一天，乾隆从他的八旗子弟中挑选了十名武艺超群的将官，亲自带领他们来兴隆庄比武。在庄外的一块空地上，双方分列两旁，乾隆端坐在黄罗伞下，旁边站着老奸巨猾的和珅。一时金鼓齐鸣，比武开始。只见"五虎少林会"的青年个个都像小老虎一般，平时训练有素的八旗子弟只有招架之功，毫无还手之力。乾隆看得连连点头，站在一旁的和珅问："万岁爷，因何高兴？"乾隆说："朕看这五虎少林会武功高超，故此高兴。"和珅又说："万岁爷可知这里面的文章？"乾隆不解地问："爱卿此话怎讲？"和珅凑近乾隆耳旁，低声说："这么个小村庄，练出这套功夫做何用场？"他见乾隆沉思不语，又说："臣进村时曾见一股帝王之气，恐有人要在此起兵篡位。"乾隆听了这番话，忙问和珅："爱卿意下如何？"和珅不慌不忙地说："万岁爷休虑。臣方才私下找了个风水先生，据他讲，当这个村庄的影子投到清水河中的时候，真龙就要出现。臣想了个办法，可破它的风水。"乾隆说："速速讲来！"和珅说："依臣之见，如果在庄东竖起一个影壁，将庄影挡住，让它的影子永远照不到河里，岂不就平安无事了？"和珅说完，乾隆转忧为喜，急传圣旨："速办。"

为了欺骗村民，他们只说是兴隆庄习武有功，乾隆皇帝钦赐"黄影壁"一座。谁知这个"黄影壁"却不好立，头一次刚立起来——塌了，第二次又立起来——倒了。乾隆得知后，又差工部尚书亲自

老北京的传说（续篇）

督阵。工部尚书调来为皇帝建宫殿的匠人忙了一个月,才算立住了,就是有点歪,但总算把"兴隆庄"同清水河隔开了。乾隆还不放心,又将"兴隆庄"改名为"下村",一则不让它兴隆,二则把皇上的"上"字倒过来,不让人在这里当王称帝。

但是,一个代表封建帝王威严的"黄影壁"又怎么能压住百姓们反抗的勇气呢!光绪年间,这一带就闹起了"义和团"。而"下村"这个村名就这样流传下来了。

关老爷斩虎

来到西山八大处，最先看到的是一座险峻、陡峭的山峰，远远看去好像一只凶恶的猛虎，所以老百姓叫它虎头山。虎头山脚下是一片平坦的开阔地，八大处的"第一处"——长安寺就建在这里。

话说长安寺①建于明代，当初叫善应寺，康熙年间重修时改叫长安寺，后来供奉关二爷，老百姓又称关公殿。

人们不禁要问：这几处不都是和尚庙吗？怎么这里出了个关公殿，供奉关老爷呢？

---

① 北京八大处公园因八座古刹而得名，位列八大处之首的长安寺，原名"善应寺"，创建于明弘治十七年（1504）。后历经修建，规模日大，改称长安寺。

长安寺位于八大处公园大门以南一里多地，西倚翠微山，红墙围绕，登数十级台阶为该寺山门殿，供奉关羽，所以又称"关公殿"。向后分别为"大雄宝殿"、"大士殿"。据说前人传说大士殿前二株白皮树虽历数百年沧桑却仍枝繁叶茂，在京城古木名树中占得一席。只可惜长安寺一直在维修中，未能对游人开放，无法亲眼得见真容。

原来呀,建寺之前,虎头山下有一座娘娘庙,方圆几十里的女人们都来这里进香,有向娘娘求子的,有请娘娘保母子平安的。可是,不到一年光景,来进香的人越来越少了,听说是因为这地方"脏"了。旧时北京话的"脏"不光是卫生方面的脏,还指的是这地儿"不吉利"。原来是山上来了一只恶虎,时不时地出来伤人,不是吃小孩,就是伤大人,闹得人心惶惶,谁也不敢来了。咋办呢?人们只好去各村的关帝庙,祈求关老爷杀掉恶虎保平安。关老爷听了百姓诉说,不由得怒从心头起……

有一年阴历六月二十三日午夜,关老爷带了周仓直奔恶虎伤人的山头,要降伏恶虎,为民除害。关老爷捋着长髯大步走在前,周仓肩扛着青龙偃月刀,紧跟在后。两个人刚上山头,那恶虎就猛扑了过来。那恶虎已经好几天没吃东西了,哪还顾得上是关老爷还是老百姓啊。

眼见恶虎扑过来,关老爷侧身闪过,接过周仓递过来的大刀,挥刀就砍,恶虎就地一滚,绕到关老爷身后用钢鞭似的尾巴一抽,幸亏关老爷根基硬,不曾有半点闪失。几个回合下来,恶虎累得直喘粗气,而这边的关老爷呢,可是大战吕布、千里走单骑、过五关、斩六将、水淹七军、单刀赴会的英雄,何惧一只恶虎!

只见关老爷竖起卧蚕眉,圆睁丹凤眼,大发神威,瞅准机会,一刀劈去,正砍中虎腰。只听"啪"的一声,恶虎已化为一块大石头!关老爷这一刀,把那大石头削下来一层。周仓在一旁都看傻啦!接过青龙偃月刀一看,卷刃了。于是周仓拿起刀,就在这块巨石上"刷刷"地磨起来,直到把刀刃磨好,可这巨石也被磨出了一道深沟。如今,站在山下还能看到那道深沟呢!

第二天,雨过天晴,人们看到虎头形的山峰,才明白是关老爷把恶虎制服了。百姓们纷纷捐款修建寺庙,取名"善应寺",后来又

八大处公园在著名西山风景区南麓。是一座历史悠久、风景宜人的佛教寺庙山地园林，素以三山比肩而立、八刹、十二景著称。公园内有八座古寺（长安寺、灵光寺、三山庵、大悲寺、龙泉庙、香界寺、宝珠洞、证果寺），"八大处"由此得名。八座古刹最早建于隋末唐初，历经宋、元、明、清历代修建而成。

扩建重修，改名叫"长安寺"了。寺中供奉着关老爷，就因为关老爷斩了恶虎，保住了一方平安。每年的阴历六月二十三这天，准保是雷电交加，大雨倾盆，人们都会说："周仓又给关老爷磨刀了！"

你说奇怪不奇怪，从正面看，虎头山确实像一只凶猛的恶虎；可要是站在观佛台的地方从侧面看，它却又像一尊慈眉善目的大佛。这大概是因为恶虎被关老爷制服后弃恶从善，也"立地成佛"了吧。

关公劈山引水

相传很久以前,八大处这里只有一座大山。山上树木茂盛,风景优美。

有一年,不知从哪里来了两条妖龙,在山中吞云吐雾,兴风作浪。妖龙为了独霸这儿,把河里的水吸干了,把地下的泉封上了,还把天上的云朵给打散了……结果北京一带整整三年没下一滴雨。这下可苦了西山一带的老百姓。村村祈神求雨,户户烧香拜佛,那个盼水的劲头啊,真是没法说了。为了活命,人们跑出几十里地去挑水。

后来这事儿惊动了关老爷。有天夜里,关老爷提着青龙偃月刀,神不知鬼不觉地来到了西山,照着其中一条妖龙一刀砍下去,妖龙躲过了,却把一块大石头给劈开了。现如今,香界寺下边路旁还可看到劈开的那块大石头呢!当时,关老爷气坏了,照准妖龙连着刀砍去,这下两条妖龙招架不住了,一不留神,被斩为数截。

为了不惊动百姓,关老爷趁着朦朦胧胧的月光来到山顶,他将

关羽(?—220),字云长,并州河东解(今山西运城)人。自刘备于乡里聚众起兵开始追随,是其最为信任的将领之一。关羽去世后,其形象逐渐被神化,历来是民间祭祀的对象,被尊称为"关公";又经历代褒封,清代时被奉为"忠义神武灵佑仁勇威显关圣大帝",崇为"武圣",与"文圣"孔子齐名。此图拍摄于北京十里河老天桥市场内。

关公劈山引水

八大处"老爷庙",也叫"关帝庙",是为纪念关公关羽而修建的。八大处的这座"老爷庙"始建于清末,坐落于八大处公园七处平坡山顶宝珠洞左边,其最负盛名的是庙前抱厦明柱上那副曾经让无数达官显贵、墨客骚人瞠目结舌的怪联。很多游人曾经对此冥思苦想。对多方意见综合后,有两种念法较有可能,一种是读"日 nuǎn 晶 huá 安天下,月朋 suō luó 定乾坤";其二读作"日 zě 晶 lōng 安天下,月朋 bei dào 定乾坤"。

着长须四下一看,所有的泉眼都让妖龙给堵死了。关老爷举起青龙偃月刀对着大山"哗、哗、哗"就是三下。好家伙,整个大山立刻裂开了三条大沟,三条清亮透彻的泉水顺着三条沟奔涌而出。这一切,被一个姓刘的老头儿看见了,他大叫了一声:"关老爷……"还没等他把话说完,关老爷落下第四刀,一闪身不见了。刘老头才后悔不该惊动了关老爷。

第二天,人们发现山里出现了三条深谷和一条小谷,四条小河奔流不停,别提有多高兴啦。大家都觉得奇怪:这一座大山,怎么一夜工夫就变出四条谷了?刘老头把他亲眼所见和大伙说了一遍,人们都说关老爷是位好神仙,专门搭救穷人,于是就商量修座庙来纪念他。

后来,乡亲们就在关老爷站的地方盖起了一座"关帝庙",逢年过节,人们都要把最好吃的东西拿到这里来上供。

老北京的传说(续篇)

关老爷大战火龙王

八大处的第五处龙泉庵，在大悲寺西北、香界寺以南。院内有龙泉，四季不干涸。池边上有"听泉小榭"，是个品茶听泉的好地方。这里的水清甜爽口，远近闻名！

古时候发生过这样一件事，在这个龙泉庵快要建成的时候，一条浑身上下赤红的火龙抢先占了庙宇，吓得工匠们四散而逃。那火龙口吐火焰，想要把寺庙、山林烧成灰。一时间，浓烟滚滚，火光冲

龙泉庵是八大处的第五处寺院。明末清初时此处并存着两座寺院：一为慧云禅林；二为龙王堂。前者建于明洪熙年间，后者建于清顺治二年，清道光年间两寺合二为一。

韦陀（韦驮）菩萨，又称韦陀天，梵名音译为私建陀提婆，意为阴天，原是印度婆罗门教的天神，后来归化为佛教的护法天神。相传释迦牟尼涅槃时，诸天和众王把佛陀火化后的舍利子分了，各自回去建塔供养。韦陀也分得一颗佛牙，正准备回天堂。一个捷疾鬼浑水摸鱼，偷走一对佛牙舍利，撒腿就跑。韦陀奋起直追，刹那间将捷疾鬼抓获，夺回了佛舍利。诸天和众王纷纷夸奖韦陀能驱除邪魔外道、保护佛法。于是，韦陀被人们称为护法菩萨。此图为昌平区花塔村和平寺内的韦驮殿。

天，工匠们毫无办法。其中一个年岁大的工匠说："我听说关公老爷被封为三界伏魔大帝，能除难消灾，咱们赶快求关老爷吧，只有他能制服这条火龙。"于是，工匠们便杀猪宰羊，来到关帝庙求关公降魔。

　　火龙正在猖狂的时候，忽然阴云密布，一场暴雨倾盆而下，只见火龙在暴雨中上下翻滚，一会儿工夫就腾空而去，逃得无影无踪了。就这样，烧了几天的大火终于被暴雨浇灭了。

　　这个故事大家现在一听就知道是传说，不是真的，但为什么会有这个传说呢？其实呀，就是当时发生了火灾，只是以前没有消防设施，施工中失火就被迷信为妖魔作怪，而后来暴雨浇灭大火也是有可能发生的。但是，那个时候人们宁愿相信是关老爷消的灾降的魔，于是就把这个故事传得活灵活现了。

老北京的传说（续篇）

八大处的红叶

大家都知道在八大处的大路旁、山坡上,长着很多很多的红叶树,圆叶的叫黄栌,五角叶的叫五角枫,长条叶的叫火炬树……每当深秋时节,几次秋霜过后,漫山遍野的红叶一簇簇、一片片,在翠绿的林海中可耀眼啦。八大处的红叶与香山漫山遍野的红叶相比,别有一番情趣哩!可是,八大处在很久很久以前却只有绿树,没有红叶。那么它是怎样变成红色的呢?这里有一个动人的传说。

黄栌,落叶灌木或小乔木,高达5~8米。树冠圆形;树皮暗灰褐色,被蜡粉。单叶互生,通常倒卵形。花小,杂性,黄绿色;核果肾形。此图拍摄于北京八大处公园内。

五角枫，落叶乔木，高达20米。树皮暗灰色。叶掌状5裂，裂片卵状三角状，全缘，两面无毛或仅背面脉腋有簇毛，入秋叶色变为红色或黄色，是秋色叶树种。翅果扁平或微隆起，果翅展开成钝角。此图拍摄于北京八大处公园内。

火炬树，属落叶灌木或小乔木，高可达10米。分枝少，小枝粗壮并密褐色茸毛，叶互生，奇数羽状复叶。雌雄异株，顶生直立圆锥花序，雌花序及果穗鲜红色，形同火炬。此图拍摄于北京八大处公园内。

很久很久以前，西山脚下住着一户石匠，老石匠与小女枫儿相依为命。一天，他们偶然在山里捡到一个聚宝盆，便常常用聚宝盆变出的粮食和衣物接济穷乡亲们。久而久之，聚宝盆的事传到了贪心的财主那里。一天，财主趁老石匠不在家，带领一帮家丁来抢聚宝盆，枫儿抱着聚宝盆就往山上跑，财主带着家丁在后边紧紧追赶。

枫儿跑啊跑，树枝把她的红裙挂碎了，一片片红布挂在树枝上；

枫儿跑啊跑，树枝把她的皮肤剐破了，一滴滴鲜血落在绿叶上；

枫儿跑啊跑，她跑遍了八大处的三座山，最后跑到了山顶，眼看就要被财主抓住了，她便纵身跳下了山崖。

打那时起，枫儿跑过的地方，树叶都变成了红色。西山脚下的老百姓为了纪念枫儿，就到处传唱着：

　　八大处枫树棵连棵，
　　穷人苦难比它多；
　　八大处枫林红又红，
　　片片叶子血染成。

老北京的传说（续篇）

灵光寺的招仙塔

八大处的灵光寺金鱼池东边，原来有一座招仙塔，八棱十三层，周围有铁灯龛16座，每一块塔砖上都刻有精美的佛像，所以又称画像千佛塔。招仙塔1900年遭到八国联军炮轰，只留下塔基。有人要问，这座塔为什么叫招仙塔呢？

传说有一天早上，在灵光寺值日的小和尚打开山门，看到一个胖和尚盘腿坐在门口的正当间。小和尚上前问，胖和尚却一句话都不说。小和尚只好跑回去向方丈禀报，方丈说："别管他。"过了三天

灵光寺是八大处现存最重要的一座寺院，始建于唐大历年间（766—779）。灵光寺山门殿面朝东南，山门殿中供奉释迦牟尼佛纯铜贴金铜造像，为泰国僧王赠送。灵光寺内原有五进庙堂，现仅存"大悲院"、"鱼池院"、"塔院"三处院落。

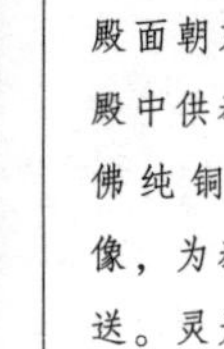

三夜，小和尚又来找方丈，说那个胖和尚还在那里，已经三天三夜没吃东西了。老方丈微微一惊，还是说："别管他。"又过了三天三夜，胖和尚还是纹丝不动。这回方丈一听可慌了神儿，脸上直冒冷汗，结结巴巴地说："别管他，你去吧。"等小和尚一走远，方丈就急急忙忙收拾东西，从后门逃跑了。原来呀，这个方丈坐上了寺庙住持的位置后，觉得修行得差不多了，慢慢就变得懒了：开始是出去享受鸡鸭鱼肉、山珍海味，到后来竟干起了调戏妇女的勾当，成了一个地地道道的"花"和尚。这才引来了那个"坐山门"的胖和尚。方丈知道来者不善，就仓皇逃出寺庙，一路小跑，不大一会儿，就快到了翠微山顶。

灵光寺的大悲院西南有一金鱼池，建于清咸丰年间。

胖和尚也不是等闲之辈，他感觉老方丈跑了，急忙起身四处查看，远远看到那个方丈快跑到了山顶，于是不慌不忙地摘下腰间的十三节宝鞭，随手向翠微山顶抽去，口中叫道："着！"只见那宝鞭节节向前伸去，越伸越长，只听一声巨响，山崩地裂，巨石乱飞，那方丈被巨石砸得看不见了，而翠微山的山顶也变得黑气滚滚，阴森恐怖。胖和尚一看明白了，那方丈肉身是死了，可是邪气还在。胖和尚转回寺中，从怀里拿出一个匣子，放在一处平地上，再点起三柱高香，连呼三遍"神鞭太保"。猛然间，东方冒出万

道霞光,照得大地雪亮雪亮的。紧跟着,一声霹雳在山上炸响,寺里的和尚抬头张望,只见胖和尚脚踏祥云,手持宝鞭站立空中,宝鞭一扬,顿时山石滚滚,一股黑气从乱石中蹿出扑向胖和尚。胖和尚又把宝鞭一抖缠住黑气,只听"轰隆隆"一声巨响,那股黑气就不见了,只剩下一副白骨闪了一下,最后化成了灰烬。

灵光寺内有辽代"招仙塔"塔基一座,又名"画像千佛塔",此塔毁于八国联军炮火。后寺内僧人在清理旧塔基时发现了供有佛祖释迦牟尼灵牙舍利的石函。

再说那胖和尚,他降服了邪气,落下云头来到众僧面前,大家问:"以后如果再发生这样的事情,该怎么办呢?"胖和尚想了想,说:"宝鞭留在寺中,就能镇住这一带的妖邪。"胖和尚说完,一扬手就把宝鞭扔向天上,只见那宝鞭呼呼旋转,射出万道金光,十三节宝鞭化为一座十三层的宝塔。那小匣子在地上慢慢旋转,化成塔基,塔身不偏不倚正好落在塔基上。一会儿的工夫,宝塔上祥云缭绕,仙乐飘飘。

后来人们都知道了这件事情,就把这座塔叫招仙塔了。

灵光寺的招仙塔

情人柏

相传，每年的三月初三是瑶池王母娘娘的生日，那天要举办蟠桃盛会，邀请各路神仙赴宴，庆祝寿诞。

有一年，瑶池内正紧锣密鼓地准备蟠桃会。不巧，二月二十五日那天，王母娘娘突然得了重病，卧床不起。这下可急坏了主办蟠桃会的太白金星，他急忙吩咐众仙女立刻下凡，到人间寻找治王母娘娘病的灵丹妙药，并要求她们必须在三月初一赶回瑶池。

众仙女听完吩咐，结伴驾云离开了瑶池，唯有看守蟠桃园的仙女紫娟姑娘是独自离去。

转眼到了三月初一，仙女们纷纷回到瑶池。太白金星清点人数，发现少了紫娟姑娘。他怕王母娘娘怪罪，便亲自下凡寻找。原来，紫娟姑娘在天宫里已经看了整整五年的蟠桃园，从没有离开过一步。她早就听姐妹们说人间胜似天

王母娘娘，亦称金母、瑶池金母、西王母，人名叫做瑶琼，传说中的女神。原是掌管刑罚和灾疫的怪神，后于流传过程中逐渐女性化与温和化，而成为年老慈祥的女神。相传王母娘娘住在昆仑山的瑶池，园里种有蟠桃，食之可长生不老。

老北京的传说（续篇）

宫,有山有水,有花有草,可总是没机会下凡看一看,那天听说要下凡到人间,心里格外高兴,特意打扮了一番。

紫娟姑娘驾着云,唱着歌,一阵风似的落在了北京的西山山顶,她朝四下里不停地观望。山上,绿树成荫;山下,鲜花盛开;一条小河绕山而流,像洁白的绸带在轻轻飘动;田野里,人们在辛勤地耕耘。看着人间这美丽的景色,她竟把为王母娘娘寻找灵丹妙药的事儿给忘了。看着太阳快要落山了,她便往山下走,想找个人家住下再说。

紫娟姑娘正在山路上走着,忽听不远处有人在低声呻吟。她仔细一看,原来是一位打柴的后生躺在路旁。紫娟急忙走到后生面前问:"大哥,你怎么了?"

"快,救救我。我被毒蛇咬了。"

紫娟听说后生是被毒蛇咬伤,立即想起随身带着的那颗仙丹。这是她偷偷从王母娘娘的丹房里拿的。听姐妹们说,吃了它不但能治外伤,还能成仙。于是她从怀里取出小布包,一层一层轻轻打开,拿出那颗闪闪发光的仙丹,塞进了后生嘴里。

这后生吃下仙丹,不大一会儿,伤口就痊愈了。他十分感谢这位素不相识的姑娘,非要请她到家中坐坐不可。

紫娟姑娘见这打柴的后生长得英俊,待人又热情,心中已有几分爱慕,加上天色已近黄昏,便点头答应了。

下山的路上,紫娟知道了后生姓王,叫大柱,幼年父母双亡,一直和邻居大婶住在一起,靠打柴卖柴谋生。

紫娟到大柱家之后,又是忙这又是干那,真叫大婶和大柱从心眼儿里喜欢。他们心想,要是能讨她做个媳妇该多好呀,可话到了嘴边儿,又不好意思开口了。

紫娟在大柱家住了一夜,第二天早晨又和他一起上山打柴。

就这样,一转眼好多天过去了。这天早上,紫娟忽然想起给王

证果寺西北有一座造型别致的石门，楹联刻着"曲径通幽处，禅房花木深"。过此门不远便是幽谷天成的"秘魔崖"。秘魔崖是一块从山顶悬空伸出的岩石，向下斜伏，其状像狮子张口，是由厚厚的石英砂岩所组成，岩石上刻"天然幽谷"四字，下为一片平地。岩石间有不少中外游人题咏，其中以翁同龢所题墨迹绝句，最为人珍爱，纷纷临摹。岩石中有个石室，面积约50平方米，隋唐时卢师和尚居于此，因而人们称此山为"卢师山"，称此石室为"卢师洞"。

母娘娘寻找灵丹妙药的事。一算日子，已经是三月初二了。她想回瑶池，又不忍心离开大柱。于是，她暗中决定，既然已经违犯了天规，索性就不回去了。

这天中午，紫娟和大柱把打好的柴禾捆好，刚要往回走，忽然从西边天上飘来一朵白云。云头上站着一人，仙风道骨，手执拂尘。紫娟姑娘一看，是太白金星，她心里一惊，顾不上多想，拉起大柱就跑。

紫娟拉着大柱逃进了秘魔崖下，太白金星摇身一变，变成一只猛虎，向他们扑去。紫娟拉着大柱跳过山崖，使太白金星扑了个空。

紫娟想，太白金星法术多变，自己斗不过他，还是跑吧。她拉着大柱顺着山沟跑到了三山庵，想跑进庙里，可惜庙门紧闭。紫娟想，大柱吃了仙丹，已经成仙了，不如二人变成两棵树，躲过太白金星。于是她把大柱拉到怀中，一抖身上的绿纱裙，说声"变！"二人双双变成两棵柏树，长在路边。

太白金星顺着山沟追到了三山庵，不见他们二人的踪影，只见庙门紧闭，不像是有人刚进去。他细看四周，见庵前两棵柏树长得奇特，它们根连着根，紧紧地靠在一起。

老北京的传说（续篇）

三山庵位于灵光寺西数百步，在翠微、卢师、平坡三山之间，故名三山庵。三山庵创建于金天德三年，距今九百余年，正殿山门前，陈列一块长方形汉白玉石，上刻天然山水、人物、鸟兽花纹，俗称"水云石"，为八大处一宝。

　　太白金星一下子明白了，指着柏树说了声："定！"紫娟和大柱就被定在了那里。

　　太白金星哈哈大笑，正准备把紫鹃变的柏树从根砍断，背回天宫。就在这时，从遥远的天空传来了观世音菩萨的声音："太白，请手下留情。紫娟已经找到了治王母娘娘病的良药，你就把药带回去，回禀娘娘，成全了他们吧。"

　　太白金星问："药呢？"

　　菩萨说："在庵北边深井中的葫芦里，这位后生可以替你取到。"

　　太白金星将紫鹃和大柱变回人形，大柱赶紧说："谢谢菩萨，那井里是有个宝葫芦，我常下井里取药，给村里的人治病。"大柱说完，飞快地向北跑去，不一会儿就拿来一个宝葫芦。

　　太白金星接过宝葫芦，驾着一朵白云，飘然离去。

　　从此，再也没有天神来打扰紫娟和大柱了。在他们被太白金星定住的那个地方，还真的长出了两棵连根柏树。奇怪的是，这里后来生长的柏树好多都是成双成对的。人们说这成双成对的柏树，就是紫娟和大柱心连心的象征，所以给它们起了个美丽的名字——情人柏。

情人柏

金马驹

传说在清康熙年间,八大处山谷中的泉水特别清特别甜,有人看见一匹马驹每天夜里来这儿喝水。奇怪的是,这匹马驹喝完水以后就拉屎,拉出的竟是黄灿灿的金子!到山上干活的穷人,捡到金子便能糊口度日,因此周边的百姓都十分感激,大伙儿都称这匹马为"神驹"。

后来这件事被山下的一位财主知道了,他让人把守路口,不让别人上山,自己每天夜里到山谷中等神兽,打算用绳索套住金马驹。

大悲寺为八大处的第四处,位于三山庵与龙泉庵之间的山腰处,相传建于北宋或辽金时期(不晚于1033年),距今九百余年,最初称隐寂寺。明嘉靖二十九年(1550)、清康熙五十一年(1712)两度修缮,康熙帝手书赐名。该寺层层殿宇依山势递升,错落有致,大悲阁殿前现存一株文冠果树,甚是稀有。

说来也怪,自从财主有了偷拴金马驹的念头之后,那匹金马驹就再也不来喝水了。财主每天从天黑等到天亮,一连三七二十一天都没有等到金马驹。

有一天夜里,金马驹突然来到泉边,还没有喝水,贪心的财主就冲了过去,用绳索套住了金马驹。

金马驹受到惊吓,掉头就跑。财主拉住绳子死死不放。哪知道金马驹使劲挣扎,竟拽着财主在山涧狂奔起来,把财主刮得满身是伤,最后拖下山崖给摔死了!

原来呀,那匹马驹被大悲寺的和尚为保护真的金马驹而施了法术。

现如今,山谷中那块马驹的刻石就是和尚施法术后留下的。

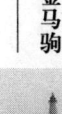

进士石

中华第一砚是由"进士石"雕刻而成的。

什么是"进士石"？有这样一个传说，在我国春秋战国时期，易州作为燕国的都城，造就了一大批时代骄子。燕太子丹修筑"黄金台"招贤纳士，其中最著名的莫过于荆轲了，他的一曲"风萧萧兮易水寒，壮士一去兮不复返"，成了千古绝唱。

荆轲（？—前227年），战国末期卫国人，也称庆卿、荆卿、庆轲，秦时涿县人，是春秋时期齐国大夫庆封的后代。受燕太子丹之托入刺秦王，因种种原因，行刺失败被杀。此图为河北易县城西南2.5公里处的荆轲塔。

传说壮士荆轲曾在今天八大处所在的深山里修炼，闻鸡起舞，并在山中的一块巨石上盖了一间茅草房，常年在这里苦读兵书战策，接待各方文人贤士。荆轲刺杀秦王失败后，秦始皇经过连年征战，灭掉六国统一了天下，但回想起当初的荆轲，还是怒火难息，随后命人将荆轲住过的茅草房烧成灰烬。

过了若干年，有一天雨后，一个穷苦的读书人经过这里，只见一块巨石上流出墨一样的汁液，感到奇怪，随手取来一块烧过的木炭在石头上取雨水研磨，发现磨过的炭汁细腻润滑，很适合书写，磨过的石头紫中带红，光洁如玉。他惊疑这是一块宝石，但此石巨大，无法运回家中，为了能得到此石，于是举家搬到山中，在此石上修建房屋居住。这个读书人有两个儿子，都很顽皮，自从搬入此屋居住后，两个儿子一改过去的顽劣禀性，学习异常用功，能够举一反三，无师自通。

最后这兄弟二人经过十年寒窗苦读，终于双双考取了功名，做了大官，并且他们的后代也是人才辈出。多年后，人们听说了宝石

八大处公园有一个"砚苑"，里面展出的"中华第一砚"，又称"中华魂巨龙砚"。它以一块重达百吨的神奇紫翠巨石为材料，由十余位雕刻大师历时多年，花费近万个工时，采用传统的平雕、浮雕、贺雕、透雕等多种方法精雕而成，现重45吨，长11.8米，宽3.2米，高1.2米左右。砚台上有21枚天然石眼，9只长寿龟，56条神龙。并在日月双池中雕有中华人民共和国版图、滚滚的黄河、长江和雄伟的万里长城等等，使整方砚台气势磅礴，奇伟壮观。

进士石

的秘密,于是蜂拥而至,对这块宝石顶礼膜拜。慢慢的,人们便称这块紫翠石为"进士石",认为只要经常触摸此石,再顽劣的孩子也会改变性情,知学上进,考取功名,光宗耀祖。这个传说在当地几乎家喻户晓,千百年来被传得神乎其神。

清河的乡村御医

圆明园北边有个小村叫安宁庄,安宁庄有个禹文锡大夫,出身于世代医家。他家门楣上有一块泥制镶金匾,上书"御医国手"四个大字,屋中案头上摆着一部二尺多高的医书——《东医宝鉴》。

这些东西,听说还有些来头!要想知道根底,就得从禹文锡的爷爷禹会元说起。

光绪二十八年秋天,慈禧太后得了一种怪病,吃不想吃,睡不想睡,不拉不吐可肚子疼。太医院的御医开了好几个方子也无效,真急坏了满朝的文武大臣,他们派人遍访名医。

当时,安宁庄有个禹会元大夫,在家排行老五,人称禹五先生。这禹五先生能耐可大了,精通人兽两医之道,乡亲们有个三灾两病的找他,他都是有求必应,并且分文不取。他不指望靠这谋生,只是当做积善行德了。

禹五先生有个姨表弟,是醇亲王府的孙总管。孙总管见醇亲王载沣那几天老念叨慈禧的病,就把禹五先生推荐给他。载沣禀

《东医宝鉴》是朝鲜古代药学史上的巨著,作者是朝鲜宣祖及光海君时代的许浚,于光海君二年(1610)撰成。一些学者认为,《东医宝鉴》95%的内容均来自中医著作,其称为总结"韩医学"精华的著作是完全无视历史事实的,其准确的定位应该是朝鲜人学习中医后所编纂的中医集成读本。

报给慈禧,慈禧马上传令,让载沣把禹五先生带进宫来。禹五先生上了宫中派来的轿车,进了西华门,穿堂过院来到内宫,两大溜大官儿正跪在那儿给慈禧请安。禹五先生由两名太监陪着,进里去给慈禧号脉。他手指一按慈禧的脉络,不由得轻轻"哦"了一声。这一声把慈禧太后吓了一跳,问:"哦什么?"禹五先生道:"老佛爷龙体不安,全在'口'上。"

慈禧太后一听,不由得暗暗点头。原来这病确实是她嘴馋而引起的。不久前,庆亲王奕劻孝敬了一筐京东清水蟹,她贪吃,就多吃了两个,岁数大了,又着了点夜寒,消化不良,吃的东西全窝在胃里了。

禹五先生提起笔来开方,用的药再简单不过了:牛黄半分,巴豆半粒,焦麦芽三两,糊小米一两,朱砂半分;三剂。

李莲英把方子拿到门外,交给御医韩一斋。韩一斋接过来一看,心中暗暗叫绝。原来慈禧这病,御医们也全清楚,但是谁也不敢用牛黄、巴豆这些大寒的药。性命攸关,谁敢下笔?弄不好人头落地,满门抄斩,没个不害怕的。这禹五先生不懂宫中这些禁忌,就按给平常人治病一样开了这方子。韩一斋心想:不开这些药,太后的病断难治好;开了这些药,太后的病许能好得快点。万一有个好歹,有禹五先生担责任,要杀头也是杀他的头,管他呢!于是说了声:"可用。"就派人照方抓药去了。

不一会儿工夫,药熬上来了。一剂药下去,立竿见影,过了一个时辰,慈禧便传净桶;两剂吃完,肚子便不再疼了;三剂药过后,慈禧就觉得肚子有点饿了,叫李莲英传膳。又过了一天,慈禧便能穿鞋下床,临朝议事了。

慈禧太后的病好了,派人把禹五先生叫到跟前,问他:"你治好了我的病,想要多少钱?"

禹五先生微微一笑,说:"家中粗茶淡饭,已经够吃了。"

慈禧太后一听,眉毛一扬,心想:不要钱?那给他个官吧!就问:"那你说,想要什么官?"

禹五先生又回答说:"我是两榜进士出身,御笔钦点外用,当过滦平知县。天下寒士十载寒窗,一举登科,反不如那'捐班'的。现在贪官污吏多如牛毛,我一个芝麻小官,职卑权微,无力扭转乾坤,又不能随波逐流。幼年启蒙,房师有训:读书人不为良相,则为良臣。因此我告病闲居在家,既不能医国,便广读医书,遍访名师,矢志医民。老佛爷您想想,我无方治世,能要官吗?"

慈禧太后一听,立时脸色一变,露出杀意:"好你个狗胆包天的禹会元,你这不是在诋毁朝政,讥讽我治国无能吗?"正要下旨将他斩了,话还没说出口,肚子又疼了起来,她捂着肚子,直喊"哎哟"。原来,慈禧太后那病还没好利索,这肝火一攻,又犯了。站在一旁的载沣想:"真要把禹会元杀了,太后的病又没人治了。"他连忙跪下奏道:"太后息怒。这禹会元顶撞太后,罪该万死。可他一死,太后您的病……"

这时,慈禧太后也醒过了神儿,就做了个顺水人情,说:"我也没说杀他呀。我是说想不到他这个人,还真有点儿倔脾气。"又转脸对禹五先生说:"好吧,你一不求财,二不求官,那我就替你扬扬

爱新觉罗·载沣(1883—1951),封醇亲王,字"伯涵"(一说"亦云"),号"静云",晚年自号"书癖",改名"载静云";清摄政王,末代皇帝溥仪生父。

名吧!"

接着,禹五先生又给慈禧开了第二个方子。

慈禧病好后,提笔给禹五先生写了"御医国手"四个字,送内务府制成金匾,这为的是收买人心,和禹五先生拉近乎,今后再有什么疑难病症好去找他,还从太医院里挑了一套《东医宝鉴》送给他。中国的医书那么多,却为什么偏偏送《东医宝鉴》呢?原来慈禧的意思是你医道再高明也不过是歪门邪道,不如我天朝的正统,也是警示禹五先生以后不要乱说话。

就这样,"乡村御医"的名字就在清河一带传开了。

香山的"药石"

相传，明朝有个员外姓张，卸任后无所事事，久而久之变得心情郁闷，浑身乏力。刚开始的时候，张家的人都没当回事儿，不过后来，张员外的病就越来越严重，到最后成了卧床不起，请来了十里八乡的名医，大家都说他已经病入膏肓。

张家人正愁苦的时候，正好一个先期同僚、早已闲居的陈员外来看他，听说张员外的病症后，称京西香山上有五彩石可医其病，但必须本人亲自寻访，其他人不可代劳，而且必须找七七四十九

香山，位于北京海淀区西郊，是北京著名的森林公园。1186年，金代皇帝在这里修建了大永安寺，又称甘露寺。寺旁建行宫，经历代扩建，到乾隆十年(1745)定名为静宜园。1860年和1900年惨遭抢劫和焚毁，1949年后陆续修复了大部分名胜。

天,中途不能辍停。张员外听后,赶紧准备。

第二天,张员外由下人抬着轿子来到香山,换乘软轿在山上遍寻五彩石。

一天、两天、三天……直至第五十天,仍然没看到五彩石,张员外便回去问陈员外原因,陈员外乐道:"你是否找足七七四十九天?"

"当然了,今天正好是第五十天。"

"那么,你可是避开身边随从,独自一人上山寻访?"

"……"

张员外无话可说,知道是自己偷懒,才没有找到灵石,于是次日,再被家人抬到香山脚下,屏退左右,独自一人上山寻找。

就这样,又过了四十九天,张员外还是一无所获,他直接下山来到陈员外家,怒道:"你是在戏弄在下吗?第一次算我欺人,那么这次我是按你说的,一点不差啊,为什么仍不见五彩石踪影?"

陈员外笑着答道:"你已遍踩香山'药石'之灵气,如今面色红润,沉疴已除,怎么能说未见五彩之石呢!"

这时,张员外才发现自己的病在不知不觉中已经彻底好了,于是感谢了同僚,两人相对而笑。

回到家,张员外感恩香山的灵气救活自己,于是提笔疾书"药石"二字,并请工匠镌刻在香山的一块巨石之上,以告诉大家香山之石皆是功到病除的"药石"!

西山晴雪和层峦晴雪

　　清朝乾隆是个好大喜功的皇帝。他在位的时候喜欢游山玩水，还经常为各地的名胜古迹命名、改名和题字，光八大处就留下了他的好多真迹。

　　京城西郊的"西山晴雪"在清代以前叫"西山积雪"，是著名的燕京八景之一。据说，香山静宜园是冬晴观雪的好地方。远在金世宗大定年间，太监范宏就在此处大兴土木。后乾隆登基，也经常来这里观景。

　　有一年二月初八，乾隆上完早朝，刚一出大殿，看见庭院里满天飞舞的雪花，心里甭提多舒爽了。乾隆一辈子对雪情有独钟，看着看着，自然就想起了著名的"西山积雪"，心想，此时香山的景色一定更美，于是忙叫人更衣备车，直奔香山。

　　雪后的香山也确实非常迷人，山山岭岭落满了白雪，高高的香炉峰好像披上了银色的绒袍。乾隆登上了半山腰的一块大石头，一

金世宗完颜雍（1123—1189），女真本名乌禄，汉名原叫完颜褒，是金太祖完颜阿骨打的孙子，1123年出生于上京（今黑龙江阿城南）。年号大定，庙号世宗，在历史上号称"小尧舜"。

边赏雪,一边赞叹:"妙哉!妙哉!'西山积雪'如此之美也!"

"美倒是美,可为何偏偏叫'西山积雪'呢?俗也、俗也!何处之雪不积一起呀?"陪同他的刘墉偏偏唱起了对台戏。

乾隆随口应道:"刘爱卿,以你之见,何名为好呢?"

"这……"刘墉眨了眨眼睛,满脸带笑地说:"陛下,臣不敢多言,还是您说吧!"

乾隆心想,"刘罗锅"今儿个不定又憋什么坏主意了,我得好好想个流传万世的词儿来,于是说道:"以朕之见,就叫'香山春雪',不好!要不叫'西山云雪'?也不妙。要不叫……"他想了半天也没想出个好名字来。

回到京城,乾隆左思右想都觉得不对劲儿。我这个堂堂的万岁爷,难道连个名字也起不好吗?这天晚上,他翻来覆去没有歇好,第二天一大早,就又和刘墉一起上了香山。

太阳当头的时候,他俩又来到半山亭北面的那块大石头上。乾隆抬头看了看晴朗的天空,又低头看了看满山遍野的白雪,顿时高兴起来:"刘爱卿,以朕之见,就叫'西山晴雪'吧!"

"陛下圣明!"刘墉连连叫好。

乾隆听了"刘罗锅"的叫好声,乐得两眼眯成了缝儿。

刘墉却止住了笑,凑到乾隆跟前说:"陛下,您起的名字好啊!

西山晴雪,相传金明昌时初名"西山积雪",元时改为"西山晴雪",明时又改称"西山霁雪",清乾隆时又恢复使用元时名称。景碑现仍立于香山公园内半山亭北、朝阳洞山道右侧。

何不题字留念呀？"

"对！"乾隆忙叫人拿来文房四宝，挥笔在大石头上写下"西山晴雪"四个大字。

打那以后，燕京八景中的"西山积雪"，就改成了"西山晴雪"。

可是，香山上的大部分寺庙都是皇家寺院，这周围也不让百姓去，老百姓没有这个眼福，不过大家也有办法，因为八大处和香山很近，所以老百姓要观看"西山晴雪"，就都涌到八大处来了。这就是"西山晴雪"为什么流传在八大处的原因。

再后来，老百姓为了区别香山皇家的"西山晴雪"，就根据八大处峰峦起伏、层层叠叠的特点，将八大处的雪命名成了"层峦晴雪"。

玉泉蝴蝶

《老北京的传说》中已经讲了关于玉泉山的两个故事——《玉泉宝塔》和《玉泉垂虹》，下面再来讲一个跟玉泉山有关的爱情故事。

大家都知道梁祝化蝶，双宿双飞，都为他们的真挚爱情深深感动，但是大家可能不知道，在京西玉泉山的泉眼里也有一对蝴蝶的影子，总是在翩翩飞舞，可是水面上并没有蝴蝶。这对蝴蝶的影子多少年来，就一直在水底下。

很早以前，这座玉泉山并没有名字，当中的泉水也没人知道叫什么名字，但总的来说，这个地方景色是美极了，它是玉皇大帝的女儿玉妹下凡游玩时发现的。

玉妹生得聪明美丽，玉皇大帝最喜欢她，但是天上的规矩太多了，时常让玉妹感到郁闷。她在天宫里时常说到，地上人间是最好玩的，什么都有，有买有卖，有男有女，无拘无束，自由自在，很是欢乐。她长到十八岁时，感到天宫太冷清，实在没趣，就想去人间看看。

有一天，正是三月十八，她站在南天门，往人间一看，只见红男绿女，走来走去。有的男女双双打着花伞；有的女的骑着毛驴，男的在后面跟着；有的并肩贴肘有说有笑。

玉妹边看边问宫女："那里是什么地方啊？"

南天门，天宫亦是天界入口。据说紫薇之星与北斗之星遥遥对应的地方就是传说中"南天门"入口之处。此图为北京首钢动力厂旁山上的南天门。

宫女说："那是西山娘娘庙会，那一对对男女都是去进香求子的。"

玉妹想：如果能到人间找个如意郎君，恩恩爱爱地过日子，那该多好啊！

过了几天，玉妹趁人不备，偷偷溜出了天宫，乘着一朵白云来到了玉泉山。

到了山顶，玉妹坐下来歇息，准备继续赶路，可是她又累又渴，心想：要是能有个喝水的地方该多好啊！突然她听到身后好像有水声，她绕过了小山包，发现不远处有一眼喷泉，于是喜出望外。虽然泉水不大，但清清亮亮的，缓缓地向上喷涌。玉妹走过去，趴在泉边，痛痛快快地喝了一顿，随后又梳妆打扮一番。

休息够了，玉妹往山下看，天色将晚，见有几个小村庄，炊烟袅袅，鸡犬相闻，一派田园景色，更是吸引了她，便直奔最近的村庄跑去。走到半山腰，她看到一个小伙子挑着柴，迎面而来。玉妹想躲，但来不及了，只好迎着走了过去，并偷眼看了看那个小伙子，只见他浓眉大眼，膀阔腰圆，清正朴实，十分可爱。

玉泉蝴蝶

这小伙子孤身一人，就住在这玉泉山上，每天伴着泉水生活，别人都叫他泉郎。他见到玉妹生得像天仙一样，顿时有了几分爱慕之意，可想想自己一贫如洗，便低下头，从玉妹身边走了过去。谁知道玉妹却在身后紧紧跟着，他走得快玉妹也走得快，他走得慢玉妹也走得慢。就这样，不知不觉到了他的家门口，他放下柴，推门进了屋，而玉妹也跟着进来了。泉郎不说话，打开锅就点火做饭，玉妹也不说话，只是跟在他身后忙这忙那。做好饭，泉郎就坐下开吃，玉妹呢，也跟着坐在那吃。吃着吃着，泉郎实在憋不住了，就问："这位姐姐，你是哪个村子的？这么晚了，为什么不回家，要跟着我呢？"

玉妹说："我是天上的仙女，想在人间找个人家过日子，离开天宫，我就回不去了，你就留下我吧。"

泉郎当然高兴了，但是又觉得家里太穷了，说道："我很穷，没有金银，没有珠宝，怎么好让你受委屈呢？"

玉妹道："只要你有情有义，再穷我也不离开你！"

就这样，两个人成了恩爱夫妻，在山上过着幸福的日子。玉妹感受到人间的真情和温暖，每天高高兴兴的，而泉郎因为有了这么一个美丽的妻子，更是乐得合不上嘴了。

谁知好景不长，山中有个蛇精，见到玉妹生得美貌，就想把她抢过来。

有一天，玉妹到泉边打水，叫蛇精碰上了，蛇精向玉妹吹了一口毒气，将玉妹喷晕，又吹起一阵旋风，要把玉妹抢回到蛇洞里。

泉郎正在山上砍柴，看到玉妹被旋风卷着，就拼命追赶，但是没有追上，于是就在附近找起来，最后发现一个大洞，黑漆漆的，但泉郎救玉妹心切，不顾危险，铆足劲闯了进去。泉郎进去后发现这洞又细又长，走了一阵，渐渐的路宽了，又走了一段，有了亮光，只见洞底还有一条小河，旁边有个二层的小阁楼。泉郎慢慢靠近阁

楼，翻身上了楼里，看到玉妹被锁在那里，急喊了两声："玉妹！玉妹！"这时，玉妹醒了过来，也喊了两声："泉郎快救我！泉郎快救我！"泉郎抡起砍柴的斧子，"叮当"一顿猛砍，砍开了锁链，拉上玉妹就往外跑。蛇精听到声音，在后面紧紧追赶，只听一阵"呜呜"的黑风，吹得天昏地暗。泉郎和玉妹刚出洞口，就像被什么吸住了，怎么动也动不了，玉妹想驾云飞升，但脚却抬不起来，他们回头一看，只见那蛇精张着血盆大口，正猛力地往回吸气。就在这危急时刻，泉郎看见了不远处的那个清泉，他拉上玉妹拼命跑了几步，纵身跳进泉水里。虽然躲过了蛇精，可是他们却再也没有出来。

从此，两个人就化作一对蝴蝶，每天在泉底下嬉戏。

打这儿起，这泉水便有了名字——玉泉，而这山也就叫做玉泉山了。

如果你有幸到了玉泉山，看到那处泉水，一定要好好找找，看能不能找到这对蝴蝶。据说，只要往泉水里扔石块，这对蝴蝶就会马上消失，可过一会儿，它们又会成双成对地出来上下飞舞了。

玉泉山，位于颐和园西五六里，是西山东麓的支脉，在"山之阳"，它最突出的地方是"土纹隐起，作苍龙鳞，沙痕石隙，随地皆泉"。因这里泉水"清而碧，澄洁似玉"，故称为"玉泉"，这座山也因此称为"玉泉山"。

玉泉蝴蝶

大觉寺的影壁

北京西山的大觉寺，是千年古寺。寺内有一股泉水，甘甜可口，日夜不断。

这泉水是从寺后的狮子山上流出来的。这狮子山气势不凡，山腰低伏，山头高扬，远远看去，还真像头趴在地上跃跃欲起的雄狮。

有一年七月，乾隆正在圆明园的福海里避暑，忽然，有一军机大臣神色慌张地从紫禁城跑来向他启奏说："礼部送来奏折，说大觉寺后边的狮子山要活了。"乾隆想：果真让这狮子活了的话，往小

大觉寺，又称大觉禅寺、西山大觉寺，是位于北京西郊阳台山（旸台山）南麓的一座千年古刹，以清泉、古树、玉兰、环境优雅而闻名。大觉寺始建于辽代，称清水院，金代时大觉寺为金章宗西山八大水院之一，后改名灵泉寺，明重建后改为大觉寺。

里说,必定带来刀灾兵祸;往大里说,是要改朝换代,大清的江山要玩完啊。于是他再没心思避暑,传令摆驾大觉寺,他要去仔细看看,找找狮子复活的缘由。

大觉寺是佛门圣地,乾隆虽说是皇帝,但也不能住在那儿。就那么转一圈,哪能看出缘由?最后,乾隆想出一招:出家。出家后就能在大觉寺住下来了,只要能住下来,就可各处细细察看了。

就这样,乾隆拜了大觉寺的住持僧善化为师,受了戒。剃度的地点就在现今大觉寺的南院。乾隆出家后,从名义上讲,就是大觉寺的和尚了,在寺里再也不受凡夫俗子的限制,因此,他每天在寺里转,一边转还一边琢磨。太阳快落山的时候,他见阳光从狮子山背后射出来,狮子山周身现出一圈灿灿的金光,犹如狮子昂首仰

大觉寺八绝

1	2	3
4	5	6
7	8	

1. 碧韵清池 2. 灵泉泉水
3. 老藤寄柏 4. 千年银杏
5. 古寺兰香 6. 辽代古碑
7. 松柏抱塔 8. 鼠李寄柏

大觉寺的风景以大觉寺八绝为主,分别是:古寺兰香、千年银杏、老藤寄柏、鼠李寄柏、灵泉泉水、辽代古碑、松柏抱塔、碧韵清池。

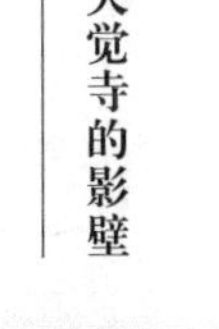

大觉寺的影壁

天,长嘶欲跃。他看从狮子山流出的清泉,分南北两股,像狮子嘴旁的两股银须,心想:这一定是狮子的精气,要想制伏狮子,就得把泉水断了,狮子失去了精气,自然也就活不了了。

一天大清早,乾隆正趴在地上仰望狮子山琢磨那泉水的时候,猛然间,屁股上挨了一棒子,乾隆回头一瞧,原来是寺中的烧火僧。那烧火僧嚷着说:"天还没大亮,见这儿鬼鬼祟祟地趴着个人,我还以为是个贼哩!"乾隆正要发作,猛然想起这会儿自己不是皇上,是刚剃度的小和尚,论辈分,还要管烧火僧叫师哥呢。师哥打师弟,白打。因此,乾隆只好哑巴吃黄连,有苦说不出。

转眼间,剃度的日子七七四十九天满了,乾隆立即恢复了他皇帝的尊严,下了一道圣旨:大觉寺的南流泉,夜夜叮当作响,惊扰了朕心,朕令你即日断流。可他的"金口玉言"不管用,那泉水照样流。他又派了工部大臣,带领一帮子人挖呀堵呀,可挖不断,也堵不住,泉水还是照样流。乾隆以为是天意,惊得坐也不是,站也不是,茶不思,饭不想。

这时,那个烧火僧对乾隆说:"贫僧略施小法,就可断南流泉。"

乾隆一听大喜,也忘了摆皇帝的谱儿,一下就从御座上蹦了下来,拉住烧火僧的手,亲热地说:"师哥,你快说!"

"你得答应我个条件。"

"好说,封你为侯,当内廷大学士。"

烧火僧摇了摇头:"当官,我不稀罕。"

"那给你良田千亩,黄金万两。"

烧火僧又摇了摇头:"钱,我自个儿用不着,这寺里清茶淡饭够填饱我肚子了。"

"那你想要什么?"

"我要你重修大觉寺,把西山一带老百姓的捐税,十年内年年减收三成。"

大觉寺门前的影壁墙。

"好。"乾隆一口应承下来。

烧火僧飞快地爬上狮子山顶,不一会儿,人就不见了,再过一会儿,那南流泉果然断流了。

原来,烧火僧早就探明了泉水的源头就在山顶上一个深深的小山洞里,他钻进山洞,把南流的泉水往山那边一引,这南流泉就变成西流泉了。

可这个迷信到家的乾隆,还蒙在鼓里呢。他照答应的条件,下圣旨减收西山老百姓的捐税,重修了大觉寺。在修大觉寺时,他还不放心,怕狮子以后还活,就在东面山门口修了一道厚厚的影壁,挡住东来的紫气,遮住狮子的一双眼睛,使它永世不能复活。今天,当你游览大觉寺的时候,还能看到这座影壁。那就是乾隆修的所谓"镇物"。

大觉寺的影壁

张栓拉塔

在北京的通州区有一座古塔,大家一般称为"通州塔",可原名叫做"燃灯佛舍利塔",塔顶还有铜镜。"古塔凌云"曾是通州八景①之一。而这里曾经流传着一个故事。

原来这个塔有三丈多高,塔下有两条胡同,一条是东塔胡同,这个胡同人口稠密;另一条是西塔胡同,这条胡同住家倒没有几个。这座宝塔本来位于东塔胡同,不过后来被一个叫张栓的年轻人生生拉到了西塔胡同。

传说在很久以前,通州塔下住着一户姓张的人家,一共三个人,儿子张栓、一个姐姐、一个娘。他们家就住塔根底下。

娘儿三个无冬无夏地以给人家洗衣服、缝补为生。张栓出去揽活,帮着晒衣服,然后再送回去,姐姐和妈妈在家洗衣服,然后缝缝补补。可是,这个古塔的阴影一年四季老是遮着他

---

① 通州八景为:古塔凌云、长桥映月、波分凤沼、万舟骈集、平野孤峰、鼓楼中峙、柳荫龙舟、二水会流。

"古塔凌云",明代通州八景之一,位于京杭大运河北端西畔,北京东门通州城北垣之内。塔名为燃灯佛舍利塔,为八角形十三层砖木结构密檐式塔。创建于北周,唐贞观七年(633)复建,辽重熙间(1032—1054)重建,元大德、明成化、清康熙九年(1670)都曾修缮。

家,不管太阳转到哪里,塔影都是冲着张栓家,所以他们晾的衣服总是不容易干,这夏天还好说,尤其到了秋冬天,衣服往往几天都干不了。张栓天天看着这塔就来气。

这天,张栓又出来晾衣服,从这边晾到那边,晒了一天,这衣服还是湿漉漉的,没办法,只能拿回去,明天再晒。第二天,那些衣服也还是湿的,不仅如此,第二天洗的衣服也没办法晒了。到了第三天,要晒的衣服就更多了,眼看天就要黑了,可还有很多衣服都没有干呢。这下张栓气急了,拿起一块石头就向古塔扔过去,嘴里大骂:"你这个死塔,老是在这挡着太阳,你别美,哪天我非让你搬家不可!"

张栓说完,收拾衣服,气呼呼地回屋了。

到了屋里,他娘问他:"你怎么了,生这么大气?"

张栓说:"我气那死塔,老是挡着太阳!"

姐姐说:"别气了,吃饭吧。"

张栓说:"娘,姐,我要拉塔。"

他娘笑了,说:"傻孩子,塔是死的,那么庞大,你怎么拉得了啊!"

姐姐也这么劝他,张栓一句话也没说,吃完饭就睡觉了。

今日的燃灯古塔。

张栓拉塔

第二天,他闷闷地搓了一天的麻绳,绳子盘了一大堆,占了半个屋子。

姐姐问他:"弟,你真要拉塔啊?"

张栓说:"是,要拉!"

姐姐知道劝不动他,就想等晚上和娘一起劝。晚上吃饭的时候,两个人都劝张栓,可张栓就是听不进去,他吃得饱饱的,就又睡下了。

到了半夜,突然下起了大雨,电闪雷鸣的。塔上的铜铃叮咚乱响,地上的水上下乱翻。家家关紧门窗,谁也不出门。这时,张栓爬了起来,拿着绳子往外走,站在院里,冲着古塔大喊:"塔啊塔,今天就让你知道知道我张栓的厉害!"

张栓说着,就像撒渔网一样,把大绳一下抡到天空,一阵电闪中,拴上了古塔的"脖子"。他使足了力气,两脚一蹬,只听"轰隆"一声,墙动了,地颤了,这古塔也被他牵走了。

到了第二天,雨停了,雷止了,塔也不见了,人们走到街上突然发现,西塔胡同出现了一座高高的宝塔。

很快这事就传开了,有人说:"张栓张栓就是能拴,塔脖子都叫他拴细了!"有人说:"拉塔拉塔,他就是能拉,把塔的顶都拉断了。"从此,张栓就被人称作拉塔张。

塔呢,从此就立在了西街,而它的阴影就只能挡一面了。因为周围没有几个住户,所以大家的生活没受什么影响,而东塔胡同的住户们也不怕再被太阳遮挡了。

北京城的人拉车

乾隆经常微服私访，一次他在宫中无事，就出了东华门，在骑河楼那儿雇了头驴，到通县①去买酱豆腐。那会儿，通县的酱豆腐是出了名儿的。赶驴的不到五十岁，特别能吹，他一边赶驴一边和乾隆聊天。

"您贵姓？"他问乾隆。

"姓高，名天赐。您呢？"乾隆问他。

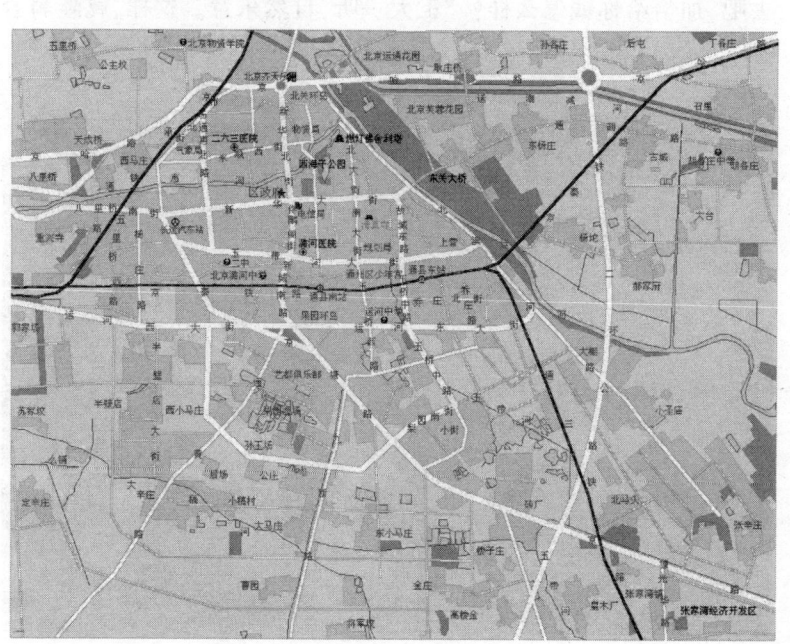

① 通县1997年经国务院批准撤县改区为通州区，县城——通州镇距天安门仅有20公里，是首都重点开发建设的卫星城之一。县境幅员广阔、地势平坦，辖1区11镇12乡、476个自然村，是美丽富饶的宝地，素有京东首邑之称。

通州区位于北京市东南部，地处北京长安街延长线东端，是京杭大运河的北起点、首都北京的东大门。东西宽36.5公里，南北长48公里，面积为907平方公里。区人民政府驻北京市新华北街161号。

"姓王,叫王大。"

"家住哪儿?"

"骑河楼外。"

"别人骑驴你走着,不累?"

"累又怎么着?"

"不会找点别的事干?"

"我本来倒是有门好亲戚,但我不去巴结他,要不,借个三千、五千两银子,谋个好差事,不成问题。"王大胡吹上了。

"你的亲戚那么有钱,是谁呀?"

"当今皇上,他是我小时候的把兄弟。现在他当他的皇上,我赶我的脚,我才不去巴结他呢!"

乾隆听了,微微一笑。

到了通县,乾隆买了十块酱豆腐,对王大说:"我还雇你的驴回去吧,加倍给你钱怎么样?"王大一听,自然乐意。这样,乾隆骑着

东华门是紫禁城东门,始建于明永乐十八年(1420)。东华门东向,与西华门遥相对应,门外设有下马碑石,门内金水河南北流向,上架石桥一座,桥北为三座门。

驴,王大替他端着那十块酱豆腐,两人又边走边聊。原来乾隆已看出那头驴的驴蹄是像牛蹄一样的双元宝。这可不是一头凡驴,而是一匹千里驹。他在琢磨办法,怎样把这头驴弄到手。

到了骑河楼,王大要回家,乾隆又说:"我家就住东华门那块儿,离这儿也不远了,干脆你把我送回家去,我加两倍给你脚钱。"王大一听,这买卖做得过,就痛痛快快地答应了。走着走着,眼看就要到东华门了,王大站住不走了,对乾隆说:"你自己下来走吧!"乾隆问:"为什么?"

"为什么,你没看见,前头是皇宫!"

"那怕什么,你不是说皇上是你把兄弟吗?"

正说着,满朝文武都跑了出来,跪在路旁接驾。王大一看,吓傻了:"原来他就是皇上呀!"

乾隆自己牵了驴,进了东华门,叫太监把驴拴在大门左边的门环上。这就是现在传说的"有风不动无风动"②的拴驹环。

王大呢,还傻不愣登地端着十块酱豆腐站在那儿,过了好一会儿,才醒过神来:"奶奶的,今儿个我算倒了八辈子血霉了!白赶了一天脚,还搭进一头驴,就换来十块酱豆腐呀!"他正嘀咕着要往回走,忽然一个太监来宣召,说皇上要在文华殿召见他。王大一听,心里"咯噔"一下:"这下子全完了,准是皇上记恨我说他是我的把兄弟,要把我杀了。不但搭进去一头驴,连命也要搭进去了。"

他跟着太监来到文华殿,见了乾隆,扑通一声跪在地上:"这酱豆腐我不要了,我说错了,你,你不是我把兄弟。"

满朝文武,差点笑出声来。

"你别害怕,村野戏言,不能当真,朕不杀你。把你找来,是想买你的驴,问个价钱。"原来,乾隆把驴骗到手以后,觉得不大对劲儿,要是王大到外边一说,对他乾隆的名声可不太好,因此才让太监把

② "有风不动无风动"是描述拴驹环的,意在描述其重,风动之不得,唯马匹能动之。

他找来,想给他点钱。

"既然皇上要买,我就不要钱了。"王大哆哆嗦嗦地说。

"不要钱,那你想干什么事?"

"我本来是赶驴的,没驴赶了,我就自己拉车吧!"

于是乾隆派人打了五十辆可用人拉的车,送给了王大,让他自己经营,这就算是皇帝钦封的人力车了,因此生意异常兴隆,而北京城的人力车就是从那会儿开始日渐繁荣的。

潭柘寺

老北京有句俗话说得好：先有潭柘寺，后有北京城！从这一点就能说明潭柘寺的历史源远流长。

话说唐代武则天时，北京城一带叫做"幽州"，守卫幽州的都督叫张仁愿。

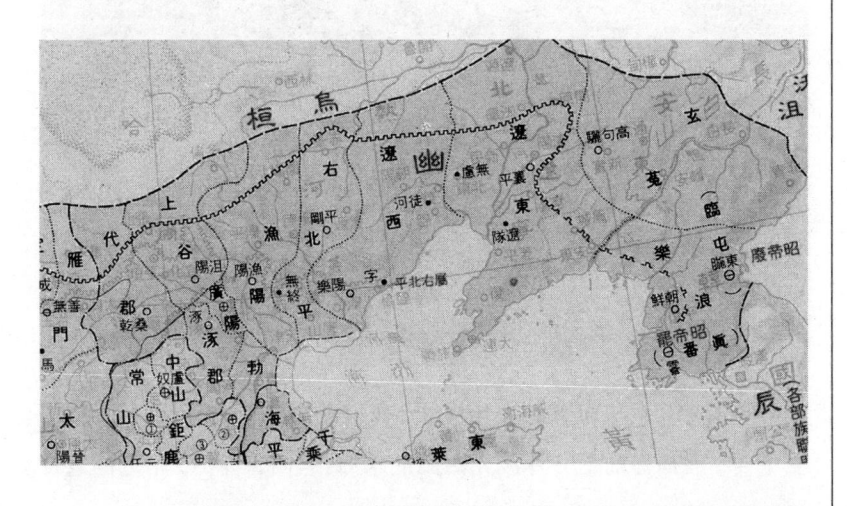

幽州，九州及汉十三刺史部之一；隋唐时北方的军事重镇、交通中心和商业都会。

有一天深更半夜里，张仁愿躺在床上睡不着觉，就静耳倾听窗外的动静。他忽然听到一位僧人高声诵经的声音打城外方向传来，这声音朗朗上韵，铿锵悦耳。第二天，张仁愿问手下人："夜里可曾听到有位和尚高声诵经？"手下人都摇头说没听到。张仁愿心中疑惑，百思不解。

半夜时分，他静坐在床上，突然又听到那洪亮的诵经声，而且更为铿锵悦耳。早上天一亮，张仁愿赶紧派人到城北寻访。手下人果然在城门外的小破庙里，见到一位老态龙钟的僧人端坐在拜垫上，微闭双目在那儿轻声诵经。城外百姓说，这位高僧叫华严禅师，已经端坐在那儿念了好几天经了。差役忙把老僧请到了都督府，张仁愿见过老僧，问他有什么企愿。老僧说："愿在京西立寺敬佛。"张仁愿知道华严和尚道法非凡，就答应了他的要求，并给他开立了占地文书。

潭柘寺，位于北京西部门头沟区东南部的潭柘山麓，距市中心30余公里。寺院坐北朝南，背倚宝珠峰，周围有九座高大的山峰呈马蹄形环护，宛如九条巨龙的拥立之下。这里气候温暖湿润，寺内古树参天，佛塔林立，殿宇巍峨。整座寺院建筑依地势而巧妙布局，错落有致，环境极为优美。

次日，华严和尚来到宝珠峰下，在一座名叫嘉福寺的小破庙里安下身。嘉福寺前是一片波光粼粼的水潭，名叫青龙潭。附近的老百姓都说这儿是个海眼，潭底能直通东海。这个青龙潭里住着一条老龙。华严和尚天天到青龙潭边讲经布道，听众真是人山人海。青龙潭里的老龙每天也是潜游到潭岸边上，恭听华严和尚讲经。日久天长，老龙为佛义所感化，很想面见华严和尚，拜师称徒，于是就去求教山神，询问怎样能做到"人龙相见"。山神说："你要想办法让老和尚发

怒变脸色,那样一来,咱们这些天龙鬼神就能和他面对面谈话了。"

第二天,当华严和尚坐在青龙潭边向众人讲经时,老龙在潭里激起几个浪头,那水波漫上岸来,冲倒了华严和尚膝盖前的饭钵。听经的人一见这种情况都吓跑了,华严和尚也是满脸怒色。老龙见时机已到,就借着水势上得岸来,在华严和尚面前,叩头行礼。华严和尚见老龙如此真诚,知道它是"成佛心切",就讲明自己打算在青龙潭潭基上建一座大庙,请老龙"让让宅",搬到别的地方去住。老龙听得连连点头。

这天晚上,狂风大作,暴雨倾盆,青龙潭里浊浪滔天。雷光电闪之下,但见那条老龙借着连天的雨水,腾上云空,昂头扬爪飞走了。到天亮的时候,风停了,雨住了,昨天还是黑水千丈的青龙潭,这会儿变成了一块平地。阳光照耀之下,那平地上还慢慢拱出一对鸱吻——这鸱吻古来传说就是龙子啊!华严和尚当下大兴土木,在这块平地上建成大雄宝殿,又将这对鸱吻安装在大雄宝殿的殿脊两端。

于是,远近闻名的潭柘寺,就这样建成了。

卢沟桥

卢沟桥，亦作芦沟桥，位于北京市西南约15公里的永定河上，是北京市现存最古老的石造联拱桥。永定河旧称卢沟河，桥亦以卢沟命名。可是在周围村庄的老人嘴里，卢沟桥的来历却是这样的。

原来卢沟桥这个地方是个摆渡口，没有桥，靠近摆渡口有一个小镇。镇上虽然人口不多，可十分热闹，为了接待过往行人，开了不少客栈和商号，摆渡人也由一两家发展到十几家。有一个姓田

卢沟桥，在北京市西南约15公里处丰台区永定河上。因横跨卢沟河（即永定河）而得名，是北京市现存最古老的石造联拱桥。卢沟桥全长266.5米，宽7.5米，最宽处可达9.3米。有桥墩十座，共11个桥孔，整个桥身都是石体结构，关键部位均有银锭铁榫连接，为华北最长的古代石桥。

老北京的传说（续篇）

的买卖人,看到摆渡生意红火,也买了一条船开始干起了摆渡生意。

镇上有个山西人姓芦,很会做生意,开的商号比别人的都兴隆,就是家还在山西,每年秋天都要回家看看。今年他又开始收拾东西,准备回老家了。这天他带上了钱财衣物,来到了摆渡口。

他到了摆渡口,正好遇上那个姓田的摆渡人,讲好价钱就上了船。姓芦的商人,一心想早点回家,就要那个姓田的快点划,并说自己带着给家人准备的钱财,姓芦的说着高兴,姓田的却对他起了歹心。那时永定河还很宽,浪也急,船到了河心,总是摇摇晃晃。姓芦的越担心,姓田的摆渡人就越摇晃,三摇两晃就把姓芦的给晃到水里去了……

从此,这个姓田的人就不干摆渡了,开起了大买卖。

过了很多年,这个姓田的掌柜生了个儿子,人很聪明,天天围着他转,特别招人喜欢。可是到了五岁那年,这个孩子每天都要打他爹三个嘴巴。天天如此,不打不行。姓田的掌柜为这事很苦恼,天天发愁。他现在是有吃有喝,财大气粗,天不怕,地不怕,就怕儿子打嘴巴。

孩子怎么变成这样了呢?原来是附近的一个老和尚背地里教他的。这老和尚当年就住摆渡口,亲眼看到田掌柜害死了姓芦的商人,等田掌柜的孩子懂事了以后,他就告诉孩子,让孩子每天打他爹。这孩子记住了,回家就照做,每天早晨不言语,上去就是三个嘴巴,到了晚上再打一遍,说什么也没用。

田掌柜没办法,就去庙里找这个老和尚出主意。老和尚一看到田掌柜就问道:"掌柜的生意不错吧?日子过得舒心吧?"田掌柜说:"唉,别提了,什么都好,就是不知道我怎么生了个这么造孽的孩子,天天打我。"

摆渡：用船载人渡河。《明律·兵律三·关津》："如遇风浪险恶，不许摆渡。"《老残游记》第十二回："凌块子有间把屋子大，摆渡船不敢走，恐怕碰上凌，船就要坏了。"赵树理《实干家潘永福》："两县的村庄犬牙交错着，想到校场村去，须着从安泽的马壁村坐船摆渡。"

老北京的传说（续篇）

老和尚笑了笑，说："你没问问他为什么要打你啊？"

"问了，什么也问不出来，我也不少给他吃，不少给他穿，可他就是这么浑！"

老和尚说："不能吧？今天你回去再问问他，就说：'天也大，地也大，儿子天天打嘴巴。儿子儿子我问你，这嘴巴到底为了啥？'"田掌柜记住就回家了。

他刚走，他儿子就来了，老和尚就对他儿子说："今天你爸爸再问你，你就说：'天也大，地也大，你贪财把人推河下。伤天害理出人命，不打你我长不大！'"这孩子也记住回家了。

到了晚上，儿子一回到家，田掌柜赶忙说："天也大，地也大，儿子天天打嘴巴。儿子儿子我问你，这嘴巴到底为了啥？"儿子说："天也大，地也大，你贪财把人推河下。伤天害理出人命，不打你我长不大！"说完，又是三下巴掌。

田掌柜一听，知道自己理亏，也没言语，夜里睡不着，翻来覆去

岳王庙，此庙位于卢沟桥西，明代建筑。山门三间，石额曰："勒建大五殿"，前殿三间，正殿三间，抱厦三间，为戏楼，分上下两层，东西配殿各九间，这里原是祈盼平安，免遭水患的场所。今只有戏楼仍存，但荒废良久，外貌改观很大，其他建筑或消失，或已作为民居用。

地想，老这样也不是办法，明天就去找老和尚问个明白！

第二天，田掌柜一早就去找老和尚了。

老和尚说："怎么样？问了吗？"

"问了，可还打！"

"孩子说什么了？"

"孩子说：'天也大，地也大，你贪财把人推河下。伤天害理出人命，不打你我长不大！'"

老和尚问道："那你干过这种事情没有啊？"

"唉，以前确定干过。"

"害的是谁啊？"

"芦掌柜。"随后，田掌柜就把多年前的事情讲了一遍。

老和尚说："真有这个事情，那你就只能破财免灾了！"

"多少钱都行，只要儿子不打我！"

老和尚说："你要把所有钱财全部拿出来，在这儿修一座桥，你

卢沟桥

儿子就不会再打你了！"

田掌柜回去，又是一宿没合眼，一想起姓芦的就做噩梦。

第二天，他就把买卖关张，修桥去了。

他请了不少工匠，修了两三个月，最后终于把桥修好了。起什么名字呢？老和尚说："你这是勾还姓芦的帐，就叫'芦勾桥'吧！"

就这样，留下了这座"芦勾桥"。

说来也奇怪，从此以后，田掌柜的儿子再也没打他嘴巴了。渐渐的，老百姓就把这件事情淡忘了，而这桥慢慢地也被叫成"卢沟桥"或者"芦沟桥"了。

卢沟桥的狮子——没数儿

卢沟桥始建于1189年6月,明昌三年(1192)三月完工。"卢沟晓月"从金章宗年间就被列为"燕京八景"之一。桥上两侧石雕护栏各有140条望柱,柱头上均雕有石狮,形态各异,据记载原有627只,现存501只,其多为明清之物,也有少量的金元遗存。当你走近它们,仔细观察就会发现,它们有大有小,有趴有卧,有背有抱,还有骑在脖子上的,钻到肚子下的,神态各异,栩栩如生。老北京有句歇后语:"卢沟桥的狮子——没数儿"。

传说曾经有一位宛平县令,听到人说"卢沟桥的狮子——没数儿",很是不服气,非要数出来到底有多少个。

活灵活现的小狮子们

著名建筑学家罗哲文先生《名闻中外的卢沟桥》一文曾有过极为生动的描绘:"……有的昂首挺胸,仰望云天;有的双目凝神,注视桥面;有的侧身转首,两两相对,好像在交谈;有的在抚育狮儿,好像在轻轻呼唤;桥南边东部有一只石狮,高竖起一只耳朵,好似在倾听着桥下潺潺的流水和过往行人的说话……真是千姿百态,神情活现。"

卢沟桥的狮子——没数儿

刘秉忠，元代政治家、作家，邢州（今邢台市）人。元世祖忽必烈即位前，注意物色人才，他与云海禅师一起入见，忽必烈把他留在身边，商议军国大事。后拜光禄大夫太保，参领中书省事，改名秉忠。其不愧为世界上最伟大的设计师之一，不但建立了一系列的政治制度，而且以《周礼·考工纪》为指导思想进行规划修建的元大都，是我国封建社会历代都城中最接近周礼之制的一座都城。此图为卢沟桥旁刘秉忠墓的玉尺亭。

老北京的传说（续篇）

这天，他把守城兵都叫来了，说："都说卢沟桥的狮子数不清，我今天就派你们去数狮子，数清楚了重赏。可有一点，你们数归数，必须都得对上，对不上不算！"

就这样，这些士兵都到了卢沟桥头，排成一排，一个挨一个，从桥栏开始数起，他们各数各的，来回都看了两遍，分别回去报告县令，可说多少的都有，没有一个人和别人数的数一样。

县令一听急了："让你们认真去数，怎么数得都不对啊，再去，给我仔细数！"

这回，这些士兵比上次还仔细，一连数了三遍，可回去报的数目还是不一样，县令很生气，把他们狠狠骂了一顿。

那些士兵也不服气，说："老爷，您要不信，就亲自去数数看吧。"

"好，等我数清楚，回来看我怎么收拾你们！"

县令坐上轿子就上了桥头，下轿后，先从桥的东头向西头数，再从西头向东头数，数了两遍，数没对上，又数了第三遍，和前两次的都没对上，继续数第四次，数下来累得腰酸腿疼的，结果数目全对不上，只能先回去休息了。

到了晚上，县令想：真奇怪，这狮子怎么会数不清楚呢？莫非它

们有脚会来回跑吗？想到这里，他悄悄爬起来，自己一个人上了卢沟桥。

这时正是午夜时分，四下没有一点声音，只有河水哗哗作响。县令轻轻地走到桥头，竟发现这些狮子正在戏耍：有的从栏杆上下来，东蹿西跳，有的从这里跑到那里，有的小狮子在大狮子身边打滚。县令看到这里，猛然叫道："好哇！原来你们都是活的！"

他这一叫不打紧，那些狮子马上回到自己的位置一动不动了。

原来，这些狮子是当年鲁班爷修西直门时剩下的汉白玉，当初他把汉白玉像赶羊似的赶到西直门（见《老北京的传说》之《西便群羊》一文），结果有几只走丢了，就留在了这里。后来鲁班爷把它们做成桥栏杆，刻成石狮子，又挨个搂头给一锤子，这些石狮子便个个都活了起来，一到半夜时分就出来玩耍，不过它们却始终不能离开这座桥了。

卢沟晓月

既然说到了卢沟桥,那我就再来说一个关于它的故事,这次故事的主人公可是鼎鼎有名的乾隆老爷子。

在卢沟桥的东北头有四根蟠龙宝柱,中间立着一块大石碑,上刻四个大字"卢沟晓月",那是清朝乾隆皇帝的御笔。

这块石碑是怎么立下的呢?

人们都说,卢沟桥是座神桥。自从有了这座桥,这里的月亮比任何地方都出得早。别的地方每月初一、初二才能看见一点儿月牙,在这儿,还没到初一,三十的晚上,往桥上一站,就能看见东南方向的一弯明月。大年三十的夜里更是出奇,那弯明月照得桥身通亮,连桥上的石狮子都能看得一清二楚。

卢沟桥对北京来说,称得起是一座最老、最大,也最壮观的大石桥。金章宗很推崇这座卢沟桥,就给它封了个"卢沟晓月"的雅号,并把它列为燕京八景之一。有的资料这样注解说:"每当五更鸡唱,斜月西沉,卢沟桥的月色格外妩媚,因以得名卢沟晓月。"

老北京的传说(续篇)

不过据说只有两种人能看见,一种是15岁以下的童男童女,另一种是"大德大福"之人。

这话慢慢就传到了乾隆皇帝的耳朵里,乾隆是个喜好游山玩水的人,几次下江南都是从这桥上路过,也没觉得有什么稀奇,但自从听说这桥的神力,觉得自己是十全之人,一定能看到那奇景。

这天正是大年三十,晚上,他叫人预备八抬大轿,要上卢沟桥。宫里正忙着过年,按老规矩,这天谁也不能离开皇宫。可是皇上的命令,谁敢违抗?于是,一行人便上了卢沟桥。

乾隆下了轿,直奔桥上,两眼往东南方向使劲儿地张望。可是看了半天只见斗柄回寅,不见卢沟明月。乾隆心想,我乃一朝之主,还不算大德大福之人?怎么看不见呢?一定是人们编造的。可是他又想,我兴师动众来看月亮,如果说看不见,岂不被百官耻笑!想到这里,他说:"你们都退下,我来仔细看看。"

左右退在一边,他一人站在桥中央死死盯着东南方,看着看着,就觉得眼前有了一弯明月,急忙叫来左右:"你们看,就在那里,月亮,月亮!"

左右顺着皇帝手指的方向,看得脖子都酸了,也没看见月亮,有人就说:"奴才命薄,没有这个眼福。"其他人顺势跟着附和,乾隆听了十分高兴,吩咐道:"准备笔砚。"

徐渭(1521—1593),汉族,山阴(今浙江绍兴)人。初字文清,后改字文长,号天池山人,或署田水月、田丹水、青藤老人、青藤道人、青藤居士、天池渔隐、金垒、金回山人、山阴布衣、白鹇山人、鹅鼻山侬等别号。中国明代文学家、书画家、军事家。

卢沟晓月

左右急忙抬来雕漆书案，呈上文房四宝，乾隆坐在那里握笔沉思，灯笼火把立即又明亮起来，只见乾隆爷一会儿背诵："河桥残月晓苍苍，照见芦沟野水黄。树入平郊分淡霭，天空断岸隐微光……"一会又吟咏："河声流月漏声残，咫尺西山雾里看。远树依稀云影淡，疏星寥落曙光寒……"他想从中得到灵感，可都不满意。这时，有一位大臣说："皇上，臣闻徐渭有一首竹枝词，不知可否一用？"乾隆道："说来听听。"

这位臣子放声吟道："沙浑石涩夹山椒，苦束桑干月一条。流出芦沟成大镜，石桥狮影浸拳毛。"

乾隆没听完就摇了摇头，他的心思还在月亮上呢。一个翰林看出了皇帝的心思，上前说："臣有李东阳的几句，不知如何，请陛下评判。"

"说吧。"

翰林说道："霜落桑干水未枯，晓空云尽月轮孤。一林灯影稀还见，十里川光淡欲无……"

乾隆皇帝一听，好！就按这个写，提起笔来写下四个大字"卢沟晓月"。

众人一看，齐声喝彩，急忙吩咐刻碑。就这样，一块石碑立在了卢沟桥的桥头，从此成了燕京八景之一。

李东阳，字宾之，号西涯，谥文正。祖籍湖广茶陵（今属湖南），汉族，明朝长沙府茶陵州人。明代中后期，茶陵诗派的核心人物，诗人、书法家、政治家。历任弘治朝礼部尚书兼文渊阁大学士。

蝎子城

说到了卢沟桥就不能不说宛平城,在老北京人的记忆里,卢沟桥和宛平城是同时建起来的,而宛平城还被叫做蝎子城,想当年刘伯温赶三青(见《老北京的传说》之《大青不动,二青摇,三青走到卢沟桥》一文)的时候就在这里出了事情。那么这个蝎子城又是怎么回事呢?

早年间,不知道从哪里爬来一只大蝎子,它张着两只大钳子,翘着一条长尾巴,专门吃小动物。

宛平城在卢沟桥东。建于明末崇祯十年(1637),当时正是明朝的战乱时期,建此城以屯兵守卫京城。《日下旧闻考》曾记载:"卢沟畿辅咽喉,宜设兵防守,又需筑城以卫兵。""局制虽小,而崇墉百雉,俨若雄关。"全城东西长640米,南北宽320米,总面积20.8万平方米。原名拱北城。

蝎子城

有一天，大蝎子遇见一只过路的山羊。于是蝎子转转两只眼睛，对山羊说："你想从我这里过，得让我喝你的血！"

山羊看看蝎子的两只大钳子，心里有点害怕，可是看看它走路慢吞吞的样子，也就壮起了胆子说："你要喝我的血，你能追上我就行！"说完，山羊撒腿就跑。

蝎子甩起大尾巴，一个翻身就叮在了山羊屁股上。山羊越是挣扎，蝎子的尾巴叮得越紧，终于山羊的血被喝干了。

又有一天，一头驴从这里路过，蝎子又转转它那两只眼睛，对驴说："你想从我这里过，得让我喝你的血！"

驴竖竖两只大耳朵，心想：我走我的路，你干吗要喝我血啊。于是，它扯着嗓子叫了几声："蝎子蝎子，你我前世无怨，近日无仇的，你凭什么要喝我的血啊？"

蝎子挥舞着大钳子说："这个地方是我的，你不让我喝，你就不能过，这是我的规矩！"

驴听完气得要命，直甩尾巴，大声说："我的血就不让你喝，我不管什么规矩！"

蝎子瞧瞧驴身上的肉，早就按捺不住了，尾巴一下就扎进驴脖子，吸起血来。驴疼得满地打滚，可蝎子就是紧紧咬住不放，最后也把驴的血喝干了。

就这样，每路过一个动物，蝎子都要喝它们的血。喝的血越多，蝎子长的个儿就越大，慢慢地就长成好几丈。这时，不要说羊啊马的，就连大象被它遇到，也得被它吸干血。

又过了一阵子，蝎子的本事更大了，它已经不满足于吸动物血，开始喝人血了，而且专喝童男童女的血，因为它听说这样可以长生不老，这下附近的村民可急坏了。

有一家老两口，只有一个小孙子，叫这个蝎子看中了，它爬上

这家的房顶，尾巴冲着门口，两只大钳子搭在墙上，就等着喝这个孩子的血了。老两口紧紧搂着小孙子，吓得关门闭户，整夜哭泣。

不知过了多久，老两口抱着小孙子迷迷糊糊的，像是睡着了，忽然梦见了一个白胡子老道，只见他走上前来，摸摸小孩的头说："孩子，你不要怕，该是你为民除害的日子了！"

老两口听见要小孙子去除掉那个大蝎子，都愣住了，他们看着道长，只见道长鹤发童颜，穿着一身道服，手里拿着拂尘。他们想，说不定这个老道是来搭救孩子的。他们正想着，听见道长问："孩子是哪年出生的？"

老两口说："酉年出生的，属鸡。"

老道说："鸡？那还用怕蝎子吗？"

老两口一听，虽说鸡不怕蝎子，可是我这孙子到底是个孩子啊，去除那么大的蝎子不是白白送死吗？

老道看出他们的想法了，哈哈一笑，顺袖子里一掏，拿出一张黄纸，说："给我一把剪刀用用。"

老婆婆就顺手给了他一把剪刀，只见老道铺开那张黄纸，三剪两剪，剪成一只大公鸡，随后在油灯上一熏，吹了一口气。顿时，纸公鸡变成了一只黑毛大公鸡。这公鸡翘翘腿，啄啄毛，拍拍翅膀，雄赳赳地站在老两口面前，那孩子也高兴了，一下就抱起了公鸡。

老道说:"抱着它出去,和蝎子斗斗。"说完就消失了。

老两口一下惊醒了,看到眼前的大公鸡,心想:刚才一定是仙人在托梦给我们,这只大公鸡也一定是神鸡,能斗胜!于是,他们就把门打开了。

蝎子一看门开了,它挺挺大肚子,摇摇大钳子,翘着尾巴,等着孩子出来。

孩子抱着公鸡跑出门,冲着蝎子说:

"蝎子,你要喝我的血,就把头伸过来吧!"

蝎子闻见一阵人肉香味,赶紧爬下房子,这时,孩子把公鸡一撒,这公鸡扑拉拉飞到了蝎子面前。

蝎子看看这黑毛大公鸡,转转两只眼睛,心想:好吧,先给我一只鸡吃吃,这不是更美么!它把尾巴一甩,就爬向公鸡了。谁知道这

宛平城县衙。

只黑毛大公鸡,忽地一下,变成一只几丈高的大公鸡,把颈毛一扎,两腿一使劲,就和蝎子斗在了一起。

　　蝎子两只大钳子不断挥舞,尾巴甩来甩去,公鸡两只金环眼睛紧盯着蝎子,等待时机,突然,见蝎子一转身,上去就是一口。蝎子哆嗦一下,一阵疼痛,身子就小了一点,公鸡再啄一口,它又哆嗦一下,身子又小了一些。最后公鸡用爪子按住蝎子的头,蝎子左右动它的钳子,来回摆它的尾巴,可怎么也使不上劲。蝎子连连哀求,公鸡不理那套,伸长脖子,用嘴"当当"两下,就把蝎子的两只眼珠子给啄下来了,随后叼起一甩,蝎子就断气了。蝎子一断气,筋骨一松,身子也变长了,长长的尾巴搭过了河,脑袋和身子伸出一里多地。公鸡呢?公鸡又缩成原来那个大小,一阵风似的飞得无影无踪了。

　　从那时起就有了这个蝎子城,也就是我们说的宛平城。

　　这座城东西长,南北短,扁圆形状,这就是蝎子的肚子。

　　东门外,一南一北,有两口枯井,正是蝎子的两只瞎眼睛。

　　东北和尚庙有两座半截塔,偏南大枣园也有两座半截塔,这是蝎子的大钳子。

　　西门外的卢沟桥,打东向西,崛起老长老长的一个桥身,正是蝎子的尾巴。

　　如今的宛平城及周围已经和当初大不一样了,这些古迹也没有了踪影,只能靠我们的想象力来还原当初的情景了。

　　再说那时的卢沟桥也是一个税收重地,什么东西都收税,但就是带公鸡不上税,因为它斗蝎子有功。不过后来,税务局的人为了压榨老百姓就说了:"公鸡不上税可以,但鸡毛要上税!"所以,从那以后,过卢沟桥有了一个奇怪的规定:凡是带没毛的公鸡都不用上税。

镇岗塔

云岗位于北京市丰台区，这里有一座闻名遐迩的古塔——镇岗塔，已经历800多年的风雨。此塔第一层为重层楼阁式方塔，第二层以上均为单层亭式方塔。塔身雕有110个佛龛，这在我国现存的花塔中比较少见。

关于这座宝塔还有一个传说。

当初，金朝三太子完颜氏金兀术屡犯宋朝边境，大有入主中原称帝之势。

这一日，有一位僧人云游到丰台一带，见此地风水极好，有龙脉之象。游僧为了阻止金兀术得势，便四处游说和募捐。募捐来的银子，一方面用来加固永定河的堤坝，另一方面用来在云岗龙脉的腰上修一座宝塔，名曰"镇岗塔"。僧人表面说是为了镇服永定河河怪，保一

镇岗塔位于北京西南云岗，金代（12世纪）建造。九级密檐式砖砌实心花塔，通高18米，底周长24米，坐北朝南，底座呈八角形。塔身有武士、文官、盆花、兽头等精美的砖雕。塔身上部有一层须弥座，座上密布佛龛相错环绕而上，并渐次内收，第二层起，每面残存砖制浮雕佛像，古朴生动，顶部有须弥座承托塔刹。整座塔造型古朴别致，砖雕精美，是一座有很高艺术价值的古塔。

方百姓平安，实际上是为了震慑番邦，压住大金国的龙运，让金兀术无法成功南侵，也让他无法称帝。大元帅金兀术也听闻此塔所在地乃是一条龙脉，他唯恐龙脉塌毁或逸迁，遂建塔镇之以巩固龙脉，不过他要是知道有个僧人在背后使坏，那还不得气坏了。

在宝塔修成之后不久，塔的北侧不知怎么出现了一条裂缝。一开始缝很小，人们都没有注意，但日久天长，到后来下雨时，雨水顺缝流下，就这样缝越来越大，最后看上去就像是被一柄大刀劈开的一样。

慢慢的，当地老百姓看到大缝，都悄悄地说是龙腰给压断了，龙脉的风水被破掉了，因此金兀术没能入主中原，更没能当上皇帝，而这个"镇岗塔"在百姓中也被偷偷叫成了"斩龙塔"。不过到最后，羸弱的宋朝还是没能逃脱灭亡的厄运。

镇岗塔

圣米石塘

圣莲山，也叫莲花山，是北京郊区一处罕见的道教文化景区，环境优美，神秘幽静。这里自然和人文景点颇多，著名的有莲花山、十八盘、长生洞、南天门、集仙洞、蟠桃宫、彩塑道教像、南庙、圣米石塘、曹锟别墅群等。

而其中的"圣米石塘"相传最开始的时候并无庙宇，有佛门弟子依山凿壁，在石洞里修行。先有一个老和尚，后又来了一个小和尚，因为香火不旺，生活十分困难。老和尚想出去化缘，小和尚问老和尚："你走后，我吃什么？"老和尚指了指一处风化岩石说："那就

圣莲山位于房山区西北的群山峻岭之中，海拔930米，是道教的聚集之地。圣莲山山势陡峭，巍峨俊秀，山下幽谷深邃，溪流潺潺，山洞峰高崖陡，绝壁森森，山上流云雾海，变化无穷，丛林茂盛，古树参天，庙观亭阁掩映于浓荫崔盖之间，集中展示了雄、险、奥、绝、秀的特点，素有京西小五岳之美誉。

圣米石塘坐落于圣莲山南侧石崖边，全称"圣米石堂胜泉寺"，始建于明嘉靖十二年(1533)，洞深约15米，宽4米，高约3米，里面存有许多米粒大的光滑的白色石粒，称为"圣米"，故得名。此图为从洞中采集的白色"圣米"。

是米，你就吃那堆米。"小和尚又问："我拿什么烧火？"老和尚说："你的大腿不就是柴吗！"几个月之后，老和尚化缘回来了，见小和尚身体强壮，红光满面，惊奇地问："你每天吃什么东西？"小和尚说："就是你给我指的那堆米。"老和尚不信，让小和尚做饭，小和尚取了一堆风化石来。老和尚又问："你用什么烧火呢？"小和尚说："我就用的这条腿呀！"小和尚当场将腿伸进灶内，用嘴一吹，火就烧起来了。不一会儿，饭也熟了，香喷喷的。老和尚边吃边纳闷，怎么他比我的本事还大？饭后，他将小和尚引到悬崖边，趁小和尚不注意，将小和尚一脚踹出去，只听一声响亮，小和尚在空中划出一道红光，念了一声："善哉，阿弥陀佛！"便不见了。

老和尚一惊，慌忙回到住处，谁知肚子开始发胀，没过不久便肚子胀破死了。有人看见，胀出来的都是风化石。据说，现在这种红色的风化石依然很多。

人们知道了这个事情，奔走相告，慢慢的这里成了远近闻名的地方，不少人从很远的地方赶过来求佛拜神，再后来，也不知道什

圣米石塘

么人雕刻了些字和石像。如果问起周围村庄的老人，他们还会给你讲一个关于请愿灵验的传说呢。

　　传说很久以前，良乡往南有一个叫官道的地方，一家有钱人挖井，请了许多人帮忙，井挖到很深的时候，井口坍塌，把一位李姓男子埋在井底。主人向李家人讲，人活的可能性没有，我给你们一些钱私了。李姓男子的父母都无异议，唯独其妻不允。她说："我曾去石塘请愿，得仙人指点说夫君还没死！你把人给我挖出来，不管死活我都要看一眼，钱一分也不要。"主人只好动用人力挖开坍土，工程巨大，耗资无数，几天几夜下来，挖到井底。由于挖井时有木桩在井底，井口坍塌时，木桩相互支撑，李姓男子居然还活着。大家皆大欢喜，谢天谢地。男子回家去了，他父母命他去为妻子"背香"。何谓"背香"？就是背着点燃的香，三步一拜，五步一叩，一直走到"圣米石塘"去还愿——为其妻增寿增福。男子遵命，背着香一步一步，经过无数个日夜，终于到了"圣米石塘"为妻子祈福。

　　从这之后，"圣米石塘"就更出名了！

白草畔

　　白草畔是个风景秀美迷人的地方,与百花山遥相呼应,属姊妹峰,是京西四大高峰之一。有这样一句俗语:"不登白草畔,空言百花山,登上白草畔,方知天外天。"

　　相传很久以前,住在天宫里的王母娘娘有一日闲来无事,驾云出游,忽然发现人间有一处风景美丽的地方,于是她俯视这里的山光水色、俊秀山河,被深深地迷住了。

　　在一个夜深人静的时刻,王母娘娘带着宫女悄悄地离开天宫,

　　白草畔景区是野三坡的至高点,是一处保存较好的森林旅游区,森林面积达1万多亩。景区动植物资源丰富,仅脊椎动物就多达184种,其中列为国家重点保护的15种,植物资源92科713种,誉称为太行山中的一颗"绿色明珠"。山顶和山下气候差异明显,使山上植被呈现垂直分布特色,其中的山下八景为:松海林涛、怒石天降、丁香清泉、蚁冢千丘、五指峰秀、云海烟波、极顶晨光、亭台赏月。

驾云飘下，想体验一下这人间天堂的美好生活。当她降临后，被这里百花簇拥的大草原深深吸引，整日流连其间，不成想耽搁了时间。当她觉察后非常着急，一甩水袖赶忙腾空而去，携众返回了天宫。

王母娘娘这一着急不要紧，可是她甩衣袖的时候，把衣服上一朵朵五彩缤纷的花甩在了这片草原上。

到了第二年春回大地的时候，这里竟长出了一簇簇花朵，通过阳光呵护、雨水浇灌，它们生长得郁郁葱葱，充满生机，点缀在这无际的高山草甸之上，而又以白色的不知名小花为多，使这里成为王母娘娘站在天宫也可欣赏到的人间大花坛。后人就把这个美丽的地方叫做"白草畔"了。

铁锚寺

门头沟三家店西街有座关帝铁锚寺,原来这里供奉着关公、周仓、关平的塑像,泥塑的赤兔马和大刀,除此之外还供奉着一个大铁锚。关羽是中国古代忠、勇、仁、义的化身,全国各地的关帝庙很多,但是寺庙里供奉铁锚,可能天下独此一家。三家店关帝庙为什么会供奉铁锚呢?这还要从头说起。

明朝初年,永定河并不叫现在这个名字,而叫浑河、卢沟河,外号小黄河、无定河。那时永定河上也没有现在这么多水库、水坝,一到洪水季节,河水混杂着泥沙滚滚而下,波涛汹涌,浊浪排空,经常泛滥成灾。

那时的门头沟三家店和城子村之间没桥,过河要乘渡船。有一天,一个商人乘船渡河,行至河中间,突然从水下发出"救命"的呼救声。没见河面有人落水,水中为什么会发出求救的声音呢?商人和水手都以为有水鬼,吓得赶紧离去了。下午他们回到村里,把

> 永定河,北京地区最大河流,海河五大支流之一。上游源于山西省宁武县的桑干河,在河北省怀来县内源自内蒙古高原的洋河,流至官厅始名永定河,全长650公里,流域面积5.08万平方公里。流经山西、河北两省和北京、天津两市入海河,注渤海。

这件事情讲给村民听,大家半信半疑,没人理会。

第二天,有人过河,又发生了商人前一天遇到的情形。这事一传十,十传百,许多人都很害怕,不敢乘船过河了。村里有几个年轻人,他们是初生牛犊不怕虎,决定潜到河里看个究竟。

于是他们召集了十几个水性好的小伙子,乘了一条大船划到发出求救声的地方,刚抛下锚,就听到水中发出"救命"的呼救声,他们一个个毛骨悚然。经过一阵商议后,有几个胆儿大的用绳子拴住腰,绳子另一头由船上的人拉着,潜到水下。这几个人在水下发现了一个大铁柱,呼救声好像是它发出来的。他们把拴腰的绳子都拴在铁柱子上端的孔中,大家一起拉,但没有拉动。他们就又从村里叫来人一起拉,拉出来一看,原来是个大铁锚。足有三百多斤。

人们看到这么大的铁锚都非常惊讶,大家议论纷纷,许多人认为这是神灵显圣,三家店要遭殃,搞得人心惶惶。有人提议,为了免灾把铁锚运回去供奉起来。于是村民真的把铁锚抬到西街的关帝

关帝庙位于门头沟区三家店西街、永定河东岸,始建于明代,为一座小三合院,前有门楼,正殿三间,配殿各三间。正殿供奉关帝,配殿供奉关平、周仓、赤兔马塑像。1921年重修时,把大铁锚供入庙内,并在庙门石额上刻上"关帝庙铁锚寺"六个大字。

庙内供起来。过了一年,三家店不仅没有遭灾,反而年成很好,粮食丰收了,商人也赚了大钱。人们认为铁锚的确是神物,纷纷来朝拜,外村的人听说了,也来朝拜。于是村里请了僧人看管庙宇,索性把关帝庙改叫成铁锚寺。从此铁锚寺的名字比当初的关帝庙更加闻名了。

现在这个铁锚已下落不明。长时间以来大家一直不明白,在人们的印象里,永定河上是不能行驶大船的,可为什么会出现那么大的铁锚呢?

近些年来,研究地方文化的人从文献中找到了些蛛丝马迹:当初唐朝为了同高丽进行战争,一个叫韦挺的将军曾经将大运粮船开到过三家店。那么大铁锚是不是唐代的遗物呢?可惜大铁锚已经丢失,无法进一步考证了。

铁锚寺

龙门口村之长虫印

传说很久很久以前，龙门口村这里人烟稀少，野兽成群，渐渐的各种各样的怪物也就成精了，其中最为可怕的，是一线天里那一条成精的长虫①。

据说当时那条虫成精后，飞跃在半空中，顿时大地变得混浊，天空也是黑压压的一片。当地人见到此情形，无论男女老少，全跑回自己屋里躲着，无一敢出家门，而且这一躲就是整整一个月。都说时间可以消磨人的意志，放在这里应该说是消磨了大家的恐惧。一个月过去了，村里也没有什么大的动静，慢慢的大家也就以为那天是偶然现象，于是村里又恢复了往日的热闹，说书的说书，下棋的下棋，乘凉的乘凉，聊天的聊天。

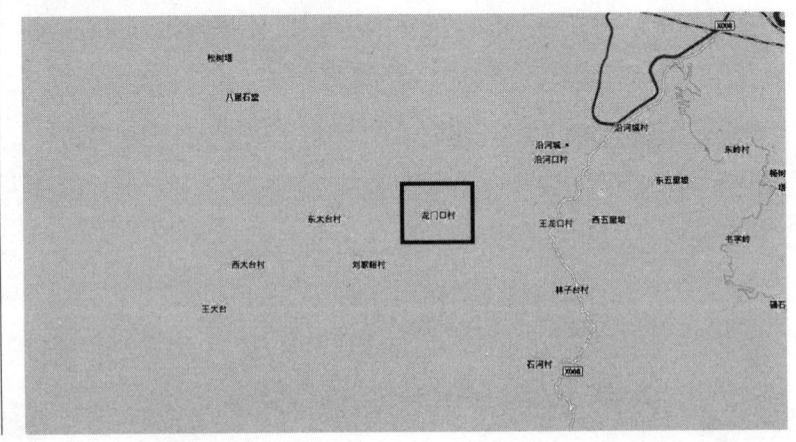

① "长虫"是一种地方话，就是蛇的意思。

斋堂镇位于门头沟区西部永定河畔，这里山高谷狭，沟壑纵横，东连京城，西通大漠，古往今来为兵家必争之地，有"京西重镇"之称；这里青山绿野，碧水蓝天，风景秀丽，气候怡人，是北京的绿色屏障；这里还是革命老区，具有光荣的革命斗争历史。历史悠远，资源丰富的斋堂古镇，是门头沟西部山区的发展中心。诸多人类文明在这里交汇、融合，人称"京西历史文化古镇"。此图为百度地图上显示的斋堂镇龙门口村位置。

老北京的传说（续篇）

老人说，不幸的事情发生之前会有某种不祥的征兆，而人们在不幸的事情降临到自己头上的时候，往往不相信不祥征兆之说。

这一天不知是巧合还是算什么征兆，村中有个小伙子，一个月没有做买卖了，因为他的脾气像牛一样倔，天不怕地不怕，从来不相信有什么妖魔鬼怪，所以村里的人都叫他大牛。今天大牛想赶着牛车出去做点小买卖。他一大早就收拾行李，装上了他家的那头大黄牛车。当大牛吃过早饭，跳上牛车跟家人道别准备走的时候，突然一个晴天霹雳，黄牛不知怎的跪地不起，大牛以为黄牛被刚才的霹雳声给吓着了，不以为然，猛抽着黄牛，黄牛最终还是经不住大牛的抽打，缓慢地走向了大牛去做买卖的必经之路——一线天。

往日大牛从家坐大黄牛车到一线天也就十几分钟，可是这次过了半个小时都还没有到。大牛很生气，大声向大黄牛嚷着："你被吓傻了吧，这么慢！""啪……啪……"边骂边狠狠地抽打大黄牛。大黄牛经不住这沉重的鞭子，于是仰天嘶叫，声音也顿时回荡在整个山谷，是多么的凄惨，多么的凄凉……

终于到一线天了，这一线天是什么地方？顾名思义，这里有一条长达8里多的大峡谷，人站在峡谷底向上望去，只能看见像一条线宽的天空，因此大家也就习惯叫这里为一线天了。

大牛驾着牛车开始进入峡谷，谷底不窄，但也不宽，刚好能让一辆牛车经过。牛车越行越远，不知不觉已走了两里路，大牛哆嗦了一下，感觉今天谷底的风和往日有点不一样，特别阴冷刺骨。大牛没有在意这些，而是哼起了一段他在村里听书听来的小调。再往里走，谷底的风越来越刺骨，光线也越来越阴暗。于是大牛抬头望了望上边，针线似的天空渐渐地模糊起来了，但大牛还是没有在意这些，自以为要下大雨了，他把牛车靠着谷壁停住，等待着这场雨的到来。突然，大黄牛拉着车掉头往回跑，大牛还没来得及反应过

来,牛车已经驶出10米之外。天不怕地不怕的大牛,此刻被自家大黄牛这突如其来的举动给吓着了,他好像想起了什么,就在这一刹那,眼前猛地一亮,一条巨大无比的白色柱状物半空而降,紧接着一股巨大无比的龙卷风把他和牛车卷向了半空,卷向了一个无底深渊,大牛号叫了一声,然后再也没有声音了……

大牛在家生病的娘这一刻感到心口特别疼,她叫大牛的爹把她扶下床,走出门外,向峡谷的那边望了过去,大地变得混浊,天空

川底下村,实名爨(cuān)底下,因在明代"爨里安口"(当地人称爨头)下方得名。位于京西斋堂西北狭谷中部,新中国成立前属宛平县八区,现属斋堂镇所辖。距京90公里,海拔650米,村域面积5.3平方公里,清水河流域,温带季风气候,年平均气温10.1摄氏度,自然植被良好,适合养羊、养蜜蜂。

也是黑压压的一片。她心里默默祈求着老天爷要保佑她家大牛平安地回来,老天爷好像真收到了她的祈求,一道闪光划入那边的谷底,紧跟着是地动山摇的雷声,先前混浊的大地变得清晰起来,先前黑压压的天空也变得明亮起来……

大牛的娘不知怎的,躺回床上后,轻声地哭了起来,是悲伤吗?不知道,也许只有她自己才明白。往后的日子里,大牛的娘天天坐在村里的大柏树下,望着峡谷那边。一转眼两年过去了,大牛一直

老北京的传说(续篇)

没有回家。于是村里有人说，大牛在外地娶了财主的女儿，不想回家了；也有人说，大牛在外地欠了一身的债，没脸回家了。各种说法传遍了整个小山村。

突然有一天，大牛娘告诉大家：我家大牛回来了，已经到峡谷那边了。大牛娘一说完就向峡谷那边跑去，大伙也纷纷跟着跑去。到了峡谷里面，只见大牛娘向一条长长的、有几分似虫的印记跪下，哭着说："大牛啊，你终于回来了……"大伙都很惊讶，不是因为大牛娘所说的话，而是因为这条长长的虫印。这条长虫印到底是怎么回事呢？有人说那是大牛在外面做了坏事，无脸回来见父老乡亲，于是就躲在这谷底刻了一条长虫，表示忏悔。至于这究竟是怎么回事，也许只有大牛娘才知道。

美好的传说故事往往是每个人都希望听到的，但是请不要忘了，世上还有很多不幸的故事。

八达岭的得名

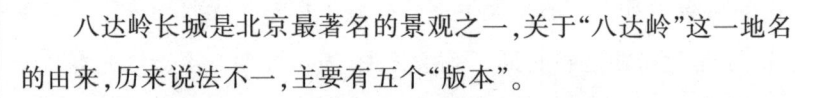

八达岭长城是北京最著名的景观之一,关于"八达岭"这一地名的由来,历来说法不一,主要有五个"版本"。

其一,八达岭由"八大岭"谐音而得名。因这一带山峦层叠,地势险峻,据说所建的长城在这里要转八道弯,越过八座大的山岭,所以当年修建这段长城是最艰难的,建筑材料难以运送到山上,工期迟迟完不成,曾先后有八个监工为其而死。最后通过仙人的点化,采取"修城八法",即"虎带笼头羊背鞍,燕子衔泥猴搭肩,龟驮石条兔

八达岭位于北京西北60公里处,东经116°65′,北纬40°25′,是峰峦叠嶂的军都山中的一个山口。八达岭景区以八达岭长城为主,兴建了八达岭饭店、全周影院和由江泽民主席亲笔题名的中国长城博物馆等功能齐全的现代化旅游服务设施,被评为中国旅游胜地四十佳之首和北京旅游的"世界之最"。作为"世界文化遗产",八达岭景区以其宏伟的景观、完善的设施和深厚的文化历史内涵而著称于世。

老北京的传说(续篇)

引路,喜鹊搭桥冰铺栈",才把建筑材料运送到山上。所以人们就把这段长城称为"八大岭"长城,后来地名就谐音成"八达岭"。

其二,八达岭由"巴达岭"谐音而得名。相传元代有一位叫"巴达黎黎"的皇帝到此,见这里关山险峻,崇峦叠翠,于是龙颜大悦,给此处赐名"巴达岭",后讹传为"八达岭"。此说不实,因查阅《历代帝王录》《中国皇帝大事年表》和《中国历代帝王年号手册》等史料,均查不出元代有过叫"巴达黎黎"的皇帝,但却有一位叫爱育黎拔力八达的,他就是元代第四位皇帝仁宗。据传他出生在八达岭所在的延庆县内,其名字中确含有"八达"二字,也许"巴达黎黎"是一种误传。若联想到元朝时皇帝每年要从北京到上京(在今天的内蒙古巴林左旗南部)往来一次,而处于必经之地的八达岭,被这位皇帝乘兴赐名"八达岭"也是有可能的。

其三,八达岭由"把鞑靼"谐音而得名。据传明代的时候,八达岭一带曾一度成为防守满族①军队的前沿阵地,因明时汉人把东北方的满族人称为"鞑靼",所以有人认为八达岭是"把鞑靼"(意为把守鞑靼之岭)的谐音,这种说法似乎也没有什么道理。因为满族人多生活在今天的辽宁、吉林大部分地区,离这里还很远,不是在居庸关外,而是在山海关外,而离这里较近的应是蒙古人。

其四,八达岭由"八道岭"谐音而得名。传说明末李自成率起义大军征战到此,由于关城易守难攻,起义大军受阻于长城之外,数日不进,李自成不由得心急如焚。这时探马来报,说前方还有八道险关。李自成听罢长叹一声:"这里的八道岭实在是难以越过,看来强攻是不行!"于是命令起义大军改道而去。后来这里被称为"八道岭",时间一长就被谐音成"八达岭"。

以上四种说法多是传说,没有确切的文字记载,难以考证。

第五个"版本"应是最可信的,说法为《长安客话》中的解释:

①满族,原称满洲族,之前亦称为满民、满人等,是中国的一个少数民族。满族人散居中国各地,以居住在辽宁的为最多。现在的主要聚居区已建立岫岩、凤城、新宾、青龙、丰宁等满族自治县,还有若干个满族乡。2000年统计的满族人口数为1068万。

"路从此分,四通八达。"因为八达岭是居庸关的外口,北往延庆、赤城、蒙古,西去张家口、怀来、宣化、大同,东到永宁、四海,南去昌平、北京等地区,交通可谓四通八达,是古代一条重要的交通要道和防卫前哨,素有"京北第一屏障"之称。

长城和孟姜女

北京八达岭的长城，据说是从秦朝就开始修建，一直到明朝才基本完工，但很多人都不知道，秦朝的时候这长城曾经有一段是重修过的，传说它曾被孟姜女给哭倒了。

秦朝时，在八达岭有这么两户富裕人家，挨着住在一块儿，一户姓孟，一户姓姜。

姓孟这家种了一棵瓜，瓜秧顺着墙爬到姜家结了瓜。瓜熟了，一瓜跨两院，得分啊！打开一看，里面有个又白又胖的小姑娘，于是就给她起了个名字叫孟姜女。孟姜女长大成人，方圆十里八里的老乡亲，谁都知道她是个聪明伶俐、能弹琴、能吟诗、能写文章的好闺女，两家人更是把她当成掌上明珠。

这时候，秦始皇开始到处抓夫修长城。有一个叫范喜良的公子，是个书生，吓得从家里跑了出来。他跑得口干舌燥，刚想歇

秦始皇，嬴姓，名政，秦庄襄王之子。汉族，于公元前259年出生赵国首都邯郸（今河北省邯郸市）。自公元前230年至前221年，先后灭六国，39岁时完成了统一中国大业，建立起一个以汉族为主体、多民族统一的中央集权的强大国家——秦朝，定都咸阳。公元前210年，东巡途中驾崩于沙丘（今河北省邢台市）。秦始皇认为自己的功劳胜过三皇五帝，将尊号改为"皇帝"，因此是中国历史上第一个使用"皇帝"称号的君主，对中国和世界的历史均产生了深远而重大的影响，被明代思想家李贽誉为"千古一帝"。

长城和孟姜女

孟姜女庙景区坐落于山海关以东6.5公里的凤凰山上，由贞女祠和孟姜女苑组成。贞女祠始建于宋代以前，明万历二十二年（1594）主事张栋重修，为河北省重点文物保护单位。庙宇前有108级台阶直通山门，庙上红色围墙内有前后两殿及钟楼、振衣亭、望夫石等景观。庙后建有江南水乡风格的园林观赏区——孟姜女苑及东西配殿，再现我国四大民间传说之首的"孟姜女的故事"全景。1956年，孟姜女庙被公布为河北省第一批重点文物保护单位。

脚找点水喝，忽然听见一阵人喊马叫和咚咚的乱跑声。原来这里也正在抓人呢！他来不及跑，就跳过了旁边一堵垣墙，而这垣墙里正是孟家的后花园。这会儿，恰巧赶上孟姜女带着丫环出来逛花园。孟姜女冷不丁地看见丝瓜架下藏着一个人，她和丫环刚要喊人，范喜良就赶忙钻了出来，上前打躬施礼哀告说："小姐小姐，别喊别喊，我是逃难的，快救我一命吧！"

孟姜女一看，范喜良是个白面书生模样，长得挺俊秀，就让丫环回去报告老人。几个老人来了，在后花园盘问范喜良的家乡住处，姓甚名谁，何以跳墙入院。范喜良一五一十地作了回答。老人见他挺老实，知书达理的，就答应把他暂时藏在家中。范喜良在孟家藏了些日子，几个老人见他一表人才，举止大方，就商量着招他为婿。孟姜女和范喜良也十分乐意，这门亲事就这样定了。

那年月，兵荒马乱的，三天两头抓民要夫，定了的亲事，谁家也不能总撂着。老人一商量，择了个吉日良辰，请来了亲戚朋友，摆了两桌酒席，欢欢喜喜地闹了一天，俩人就拜堂成亲了。常言道："人

有旦夕祸福,天有不测风云。"小两口成亲还不到三天,突然闯来了一伙衙役,不容分说,就生拉硬扯地把范公子给抓走了!

这一去可是凶多吉少,孟姜女成天地哭啊盼啊,可是眼巴巴地盼了一年,不光人没有盼到,信儿也没有盼来。眼看就到冬天了,孟姜女实在放心不下,就一连几夜为丈夫赶做寒衣,要亲自去长城寻找丈夫。老人看她那执拗的样子,拦也拦不住,无奈答应了。

孟姜女整理好行装,辞别二老,踏上了行程。她一直奔正北方向走,穿过一道道的山,越过一道道的水。饿了,啃口凉饽饽;渴了,喝口凉水;累了,坐在路边歇歇脚儿。有一天,她问一位打柴的白发老伯伯:"请问这儿离长城还有多远?"老伯伯说:"那可在幽州北边,很远很远呢。"孟姜女心想,就是远在天边,我也要找到我的丈夫!

孟姜女刮着风也走,下着雨也走。一天,她走到了一个前不着村、后不着店的荒郊野外,天也黑了,人也乏了,看到不远有座破庙。

破庙挺大,只有半人深的荒草和龇牙咧嘴的神像。她孤零零的一个年轻女子,害怕得不行,可也顾不上这些,找了个旮旯就睡了。夜里她梦见自己正在桌前陪着丈夫看书,忽听一阵砸门声,闯进来一帮抓人的衙役。她一下惊醒了,原来是风吹得门窗在响。她叹了口气,看看天色将明,又背起包裹上路了。

一天,她走得筋疲力尽,又觉得浑身发冷,刚想歇歇脚儿,咕咚一下子就昏倒了。等她苏醒过来,才发觉自己躺在老乡家的热炕头上。一位老大娘给她沏了姜糖水,她出了点汗,才觉得身子好了一点。她千恩万谢,感激不尽,就准备起来继续赶路。老大娘含着泪花拉着她说:"这位姑娘,你这身上热得像火炭一样,我能忍心让你走吗?你再看看你那脚,都成血疙瘩了,哪还是脚呀!"孟姜女一看自己的脚,可不是成血疙瘩了。她在老大娘家又住了两天,病没好利

孟姜女并不姓孟，"孟"为"庶长"的意思；"姜"才是其姓氏。"孟姜女"实际的意思是"姜家的大女儿"。而且，孟姜女不是单指一个人，而是一类人的通称。据《毛传》"孟姜，齐之长女"及陈奂传疏"孟姜，世族之妻"等文献记载，先秦时期，"孟姜"一般称齐国国君之长女，亦通指世族妇女。也就是说，当时很多齐国公室的贵族妇女，都可称"孟姜"。此点除文献证据外，有文物桓子孟姜壶为证(此壶为春秋时期齐庄公姜光的大女儿姜蕾和丈夫田桓子无宇共铸，以悼念田桓子无宇的父亲田须无)。后据考证，孟姜女为今湖南常德人。

老北京的传说（续篇）

索就又要动身。老大娘一边掉泪，一边嘴里念道："这是多好的媳妇呀！老天爷呀，你行行好，让天下的夫妻团聚吧！"孟姜女终于到了修长城的地方，她赶紧向人打听范喜良，可人家都说不知道，她不知问了多少人，最后才打听出一点眉目。

孟姜女问："各位大哥，你们是和范喜良一块修长城的吗？"大伙说："是！"孟姜女又问："那，范喜良呢？"大伙你瞅瞅我，我瞅瞅你，含着泪花谁也不吭声。孟姜女一见这情景，脑袋嗡的一声就大了，赶紧瞪大眼睛追问："俺丈夫范喜良到底怎么样了？"大伙见瞒不过，只好吞吞吐吐地说："范喜良上个月就……就……累死了！"

"那他的尸首呢？"

大伙说："死的人太多，埋不过来，监工都叫填到长城里头了！"

大伙话音未落，孟姜女手拍着长城，就失声痛哭起来。她哭啊哭啊，只哭得成千上万的民工，个个低头掉泪，只哭得日月无光，天昏地暗，只哭得秋风悲号，海水扬波。她正哭着，忽然"哗啦啦"一声巨响,长城像天崩地裂似的一下倒塌了一大段,露出了一堆堆的白骨。那么多的尸骨,哪一个是自己的丈夫呢？她忽地记起了小时听母亲讲过的故事:亲人的骨头能渗进亲人的鲜血。她咬破中指,滴血认尸,又仔细辨认破烂的衣扣,最终认出了丈夫的尸骨。孟姜女守着丈夫的尸骨,哭得死去活来。

这时,秦始皇带着大队人马,巡察边墙,从这里路过。

秦始皇听说孟姜女哭倒了城墙,立刻火冒三丈,暴跳如雷。他率领三军来到角山之下,要亲自处置孟姜女。可是他一见孟姜女年轻漂亮,眉清目秀,如花似玉,就想霸占孟姜女。孟姜女哪里肯依呢！秦始皇派了几个老婆婆去劝说,又派中书令赵高带着凤冠霞帔去劝说,孟姜女是死也不从。最后,秦始皇亲自出面,孟姜女一见秦始皇,恨不得一头撞死在这个无道的暴君面前。但她转念一想,丈夫的怨仇未报,怎能白白地死去呢！她强忍着愤怒听秦始皇胡言乱语。秦始皇见她不吭声,以为她是愿意了,就更加眉飞色舞地说上劲了:"你开口吧！只要依从了我,你要什么我给你什么,金山银山都行！"

孟姜女说:"金山银山我不要,只要你答应三件事！"

秦始皇忙说:"别说三件,就是三十件也依你。你说,这头一件是？"

孟姜女说:"头一件,得给我丈夫立碑、修坟,用檀木棺椁成殓。"

秦始皇立刻说:"好说,好说,应你这一件。快说第二件！"

"这第二件,要你给我丈夫披麻戴孝,打幡抱罐,跟在灵车后面,率领文武百官哭着送葬。"

秦始皇一听,这怎么能行！我堂堂一个皇帝,岂能给一个小民送葬呀！"这件不行,你说第三件吧！"

角山位于距山海关城北约3公里处,是关城北山峦屏障的最高峰,海拔519米。其峰为平顶,可坐数百人,有巨石嵯峨,好似龙首戴角而名。主要景点有角山长城、敌台、角山寺、瑞莲捧日。1961年被确立为国家首批重点文物保护单位。角山是万里长城从东部海中向北绵延所跨越的第一座山峰,所以又有"万里长城第一山"之称。

孟姜女说:"第二件不行,就没有第三件!"

秦始皇一看这架势,不答应吧,眼看着到嘴的肥肉吃不着;答应吧,岂不让天下的人耻笑。他又一想:管它耻笑不耻笑,再说谁敢耻笑我,我宰了他。于是他说:"好!我答应你。快说第三件吧!"

孟姜女说:"第三件,我要逛海三天。"

秦始皇说:"这个容易!好,这三件都依你!"

秦始皇立刻派人给范喜良立碑、修坟,采购棺椁,准备孝服和招魂的白幡。出殡那天,范喜良的灵车在前,秦始皇紧跟在后,披着麻,戴着孝,真成孝子了。

等到发丧完了,孟姜女跟秦始皇说:"咱们游海去吧,游完好成亲。"秦始皇可真乐坏了,赶紧上了船,正美得不知如何是好,忽听"扑通"一声,孟姜女纵身跳海了!

等大家把孟姜女捞上来,她已经死了很久了,但这个可歌可泣的爱情故事却慢慢流传了下来。

空荡荡的北三楼

八达岭关城南北各有四座敌楼,有七座基座是用石头、砖头加黏土填的,夯得非常瓷实,唯独北三楼底下什么也没有,是空的。这是怎么回事呢?原来这里头有段故事。

早年间,八达岭附近流传着藏宝歌:"八个金锅露着沿儿,八个金镢露着袢儿……"这歌儿一共八句,说这里竟是宝贝东西,一共八八六十四件。

后来歌词改了,变成十句:"金锅露着沿儿,金镢露着袢儿……宝贝宝贝啥时现?城楼一倒全能见!"

这歌词里唱的是八达岭关城。想当初还是明朝的时候,朝廷派了个挺大的官当督办,在八达岭修关。修了九年九月零九天,人累死了九千九百零九个,全填在城墙沟子里了。老百姓有气呀!正在关

八达岭北三楼。

城快修好,督办要跟皇上领功请赏的时候,新歌就满世界唱开了。

督办一听吓坏了,刚修好的关城要让采宝的拆了,就会发现里面偷工减料,怪罪下来可要杀头的呀!这一天,督办正在发愁,旁边斟茶倒水的小书童忍不住了,问:"大人哪,这些天您怎么老唉声叹气的,发什么愁啊?"

督办没好气地说:"去去,告诉你有什么用!"

书童一笑,唱了两句歌词儿:"宝贝宝贝啥时现?城楼一倒全能见!"

督办吃了一惊,忙向书童问计。书童又是一笑,说:"这点儿小事,好办。不知大人您要十年计,还是百年计?"

督办说:"都要!"

书童说:"关城修好了,您赶紧给皇上奏本,说北国正操练人马,请朝廷派兵把关。有兵在,谁还敢拆墙!这是十年计。"督办又问百年计,书童又如此这般一说,督办一听大喜,全都照办了。

书童的计策果然奏效,关城几百年纹丝没动。

可到了清朝,八达岭这关城却保不住了。

就在很远的大泥河村有个人,名字大家都忘了,只管他叫"跑不了",念过几年私塾,粗通文墨。家里有三十二亩好地,日子还过得不赖。可这个人贪心不足,老想发财。

有一年,"跑不了"到八达岭关城下的岔道村串亲戚,没事干的时候,就上城墙上溜达。溜达来溜达去,他看出破绽来了。原来,关城八个敌楼只有北三楼有块石碑,还没字。他把石碑推倒后,碑底下出现个木匣,木匣里放着一本书。"跑不了"拿到书后,亲戚家也

书童,古代一般书生都有的跟班,一般帮书生整理房间、书籍、笔墨等等,也一起陪读,是一个照顾书生生活起居的人。

不住了，连忙跑回去，没黑夜没白天地看，看了七七四十九天，明白了。书上说，北三楼底下有好多金条和元宝。

于是，"跑不了"卖了地，押了房，雇了几个棒小伙儿，在北三楼里头往下挖，挖出来的石头、泥土倒到墙外头。就这样没日没夜地干了七七四十九天，到第四十九天头上，挖出了机关，一个砖券的小门儿，没挡，里头是砖砌的小窖，窖里放着好多好多"金条"、"元宝"。小伙子们把这些东西统统用箩筐提到城墙上，然后，把"跑不了"请来。

"跑不了"高兴得发了疯，跌跌撞撞来到了北三楼，把大家都轰得很远，自己仔细查看，可没一会儿，他就"扑通"一声摔倒了。大家赶过来一看，"跑不了"背过气去了。为什么呢？原来这些"金条"、"元宝"的内芯全是砖头刻的，两个一磕就碎。

地也卖光了，钱也花没了，"跑不了"这是气火攻心啊！最后人们在岔道村找了一块门板，抬他回家，还没进村，他就咽了气。

"跑不了"为采宝人财两空的事儿，一下子传开了，此后，再也没人干这样的傻事了！

所以现在我们看到的八达岭其他关城都还好好的，唯独北三楼底座下的空儿没人填了，因此至今还是空的。

岔道村位于八达岭长城脚下，已有450年历史，古城内花岗岩石板路面，城隍庙、关帝庙、古驿站、临街店铺、客栈、四合院等文物古迹处处可见。走进古香古色的岔道，可以领略到明清时期的风土人情。

空荡荡的北三楼

和平寺的第十九罗汉

大家都知道,释迦牟尼佛祖座下有十八罗汉,而"和平寺"的释迦牟尼殿内却有十九位,如果询问村中的农民,他们都会告诉你一段鲜为人知的故事。

相传,在南口响潭水库的沟涧深处有一罗汉坡,坡上建有一座罗汉堂,里面住着数百位罗汉,殿堂因风雨侵蚀,年久失修已破漏不堪,在此修行的罗汉们纷纷离去,投向他处。其中有一罗汉,后人称他为"过路僧",听说花塔村正在兴建"和平寺",便一路寻来。走

和平寺位于昌平区南口镇桃洼乡花塔村。由唐代名将尉迟恭监建,因唐太宗李世民御笔亲书"敕赐和平寺"得名,古有"先有和平寺后有潭柘寺"之说,足见其历史悠久。和平寺建在燕山山脉龙凤山的龙尾山坳之下,巧妙地利用自然环境,背靠青山,面对京北平原,四季宜人,果香粮丰,寺院内一派幽静,春来鸟语花香,夏到绿树成荫。和平寺是京北佛教活动中心之一,深受历代封建王朝所重视,并多次修葺,清代重建时的钟、石碑等尚在。

和平寺释迦牟尼殿内的第十九个罗汉。

到檀峪，天已黑了下来，过路僧迷了路，这时见一牵驴卖柴的老翁，便上前询问："老施主，此柴怎卖呀？"老翁回答："200文。"过路僧道："不如我给你200文钱，烦您将我送到和平寺如何？"老翁欣然应允。经过一夜跋涉，来到和平寺时，天已大亮，过路僧为了抢占更好的位置，来不及付钱便急匆匆奔向正殿。他进了殿门，环视左右，见已坐满了十八位罗汉，而此刻佛祖已经开始讲经。过路僧无法退身，只得在进门左侧找个地方坐了下来，谁知这一坐不要紧，过路僧经过点化"成佛"了，再也动身不得，成了释迦牟尼殿内的第十九位罗汉。再说那卖柴的老翁，从早晨等到天黑还不见那僧人出来付钱，便在寺门外大喊："送钱来，送钱来。"声音传到寺内被方丈听到，方丈急忙出来查问。得知实情后，方丈一边赔罪，一边领老翁进寺寻找，找到正殿，发现过路僧坐在门左侧，双手托着那200文钱，方丈悄声对老翁说："老施主，不是他不付脚钱，是佛祖讲经后他已成化，不能动身了。"老翁见到此景，非常感动地说："那200文钱我不要了，就捐给贵寺做香火钱吧。"

如今，当你来到和平寺的释迦牟尼殿，左侧的第十九罗汉——过路僧手里仍托着那200文钱呢。

和平寺的第十九罗汉

万善桥

石景山有一座万善桥,桥与一条古香道相连,将青龙山的福惠寺与天泰山的慈善寺连成一线,成为旧时京西进香的必行路之一。

万善桥一身担起了两座山,像一根弹拨在京西古香道上的琴弦,或一弯悬挂在翠微绿林中的下弦月,或一道连接天地情缘的彩虹,吸引着众多游客。

过去,石景山被称为京西的风水宝地,香会盛行,许多善男信女到天泰山进香。每年的三月十五到十七日是进香和赶庙会的日子。每到这时,京东八县的人云集天泰山,高跷会、狮子会、秧歌会,纷纷

慈善寺位于石景山区天台山。慈善寺坐落在天台之上,故又称天台寺。慈善寺始建年代不详,最迟在清初已成庙。分中、东、西三路,以西路的大悲殿为主,大悲殿三楹,正中供金漆木雕观音像,两旁有碧霞元君等八尊塑像,这种佛、道两家共进一堂的殿宇,在京郊不多见。每年三月十五日,为魔王和尚成道之期,慈善寺开庙三日,堪称京西香火极盛之寺。慈善寺殿堂基本完好,但大部分塑像被毁。寺内外石刻众多,以冯玉祥将军留下的石刻最为引人注目,镌刻在山门外东山坡和寺后北山坡上。

上山，一时间山前山后热闹非凡。上天泰山的道路有好几条，可所有的人都直奔一条路，那就是慈善寺东路。一条古道在翠屏流泉的山间起伏蜿蜒而过，经门头村到陈沟，翻南大山坡过万善桥，拜桥头接引佛，经双泉寺至天泰山。

然而在400多年以前，这里还没有万善桥。

万善桥原名双泉桥。双泉寺前翠微山南麓山沟有一座石桥，桥弧形像虹，名曰"万善桥"。原桥始建于金代，为木桥，称双泉桥，专供金章宗皇帝来双泉寺避暑而修建。木桥规模不大，而且低矮，沟中水大时会涨过桥面，成为漫水桥，后改建为石桥。

传说在一个层林尽染的秋天，一个衣衫褴褛的女子千里迢迢从遥远的南方来，她嘴唇干裂，面色黄瘦，赤裸的脚鲜血淋淋，周身伤痕累累。当她走到南山坡下时，被一条深十多米、宽三十多米的深谷拦住了去路，谷中洪水滔滔。这女子跪拜在地，对着上天说："我是飞霞，走了半年的路才来到这里，我要在明天天亮之前赶到慈善寺进香，才可以救我丈夫的命，求求大慈大悲的观音菩萨，指给我一条到天泰山的近路吧，如果能在明天天亮之前上了香，救了我丈夫，我愿从此出家，一生一世敬奉菩萨。"飞霞说完闭目跪拜，第一拜时她听见远处传来隆隆的滚石声，飞霞没有睁眼，她听人说

万善桥

在释迦牟尼未出世前,已经有佛的出现。接引道人便是释迦牟尼前的佛祖,此佛为西方极乐世界的教主——据《无量寿经》卷上载,过去久远劫世自在王佛住世时,有一国王发无上道心,舍王位出家,名为法藏比丘,于世自在王佛处修行,熟知诸佛之净土,历经五劫之思虑而发殊胜之四十八愿。此后,不断积聚功德,而于距今十劫之前,愿行圆满,成阿弥陀佛,在离此十万亿佛土之西方,报得极乐净土。迄今仍在彼土说法,即净土门之教主,能接引念佛人往生西方净土,故又称接引佛。

过,在求菩萨的时候要闭目静心。第二拜的时候,她感觉自己被一股冲力向后推了几米,被仰面冲倒在地,身体一阵钻心的疼痛,飞霞依旧没有睁眼,她只是用手摸了摸脸,感觉有热乎乎的血从脸上流下来。飞霞第三拜的时候,发现自己磕头的地方已经不是土地,而是石头地了。磕完三个头,飞霞站了起来,慢慢睁开了眼睛,她惊呆了,眼前一座彩虹般的石桥架在了深谷之上。

这座桥只有十七八米长的样子,宽三米左右,雅致精巧地横担在两岸之间,桥基和桥拱从上到下全部是石头砌的,非常坚固,任凭汹涌的滔滔洪水拍打却安然无恙。桥的两边是五光十色的石头砌成的桥栏,石头被阳光一照,一闪一闪地散发出夺目的光环,把整个山谷照得色彩斑斓,山上斑驳美丽的枫叶一下子全变了色,红透了天际。飞霞小心翼翼地走到桥上,看见桥的南面外侧桥栏正中镶嵌着一块长方形的汉白玉石额,上面有三个银光闪闪的大字"万善桥",在石额下方不远处是一个青黑色石狮子头,瞪圆了眼睛俯视着深谷的洪流,那神态,犹如正在吸纳百川,神韵威严。过了

桥,飞霞沿着山路继续前行,往西北大约走了五里多路,上了天泰山。第二天早晨天亮之前,她烧过香许完愿后,就从原路返回到了万善桥。

飞霞来到离桥几米开外的北山坡下,坐在一块石头上。这时大雨滂沱,可飞霞纹丝不动,她盘腿而坐,神情宁静、安详、坦然。十天后,过路的人发现这里新添了一座桥,特别喜悦,过了桥便看到桥北头的石台上坐着一个端庄的女子,身体如玉,挺坐安然。这个消息很快传遍了十里八村,人们在飞霞坐的石台上方修了一个石拱,从此把桥头的飞霞叫成了接引佛。佛旁边种了两棵松树,如今人们能看到两株合抱粗的古柏,对称而生,传说是飞霞的丈夫知道飞霞在这里打坐,就来这里陪伴她。

来万善桥旅游的人还能看到两株柏树拱卫着一块巨大的花岗岩石,岩石右下角刻着"万历十一年十一月初一"等字样。人们到慈善寺进香必要过万善桥,否则被认为是心不诚。由此,万善桥成了进香、赶庙会的必经之路,成了善男信女们心中的"圣桥"。万善桥被青山环绕,春天杏花桃花烂漫着附近的山野,夏天长涧轻饮潺潺溪水,秋天色彩斑斓层林尽染,冬天白雪皑皑小桥如玉,令游人流连忘返。

龙头险隘

西峰寺位于门头沟区永定镇岢罗坨村西,这里山清水秀,景色绚丽。它的正南和西北与戒台寺、潭柘寺遥遥相望。西峰寺始建于唐,初名会聚寺,元称玉泉寺,寺内清泉一泓,名胜泉池。英宗朱祁镇赐额名"西峰寺"。如今仅存山门殿、天王殿以及两厢回廊禅房等。如果有幸来到这里还能看到著名的西峰八景——春有紫藤缠柏、夏有古树浓荫、秋有残碑古韵、冬有地宫涌泉;东有龙头险隘、南有南山卧佛、西有西峰古道、北有北溥刻字。现西峰寺归属国土资源培训中心所有。

西峰寺东侧的山叫龙山,这里流传着关于石龙的美丽传说。

远古时代,这里的小溪水量丰富,水质甜美。有一年大旱,一条巨龙口渴难耐,到这里喝水,溪水被喝干了,巨龙也被撑死了,龙的身躯就化为一座山,周围的人们就管它叫龙山。又因为这里出产优质石材,人们又称其为石龙山。

龙山西高东低,山势逶迤,长约两公里,脊背高耸,身躯绵长,颈部向南屈,垂向小溪,头部耸立在西峰寺山谷的入口处,村民称其为

龙头,这就是史书上所说的龙头岗。龙头山高不过百米,却十分抢眼,在无数个冈峦中,一眼就能将其辨认出来,它草木茂盛,突兀浑圆。村民信其为圣山,从来不动这个山上的一草一木。

如今龙头山顶的灌木丛中,有一块凿成槽子形的巨石,在多旱的年头,石槽下面的泥土却总是湿漉漉的。关于龙头山顶槽子石,也有一个动人的传说。

在很久很久以前,有一个南方的道士去潭柘寺烧香,当他路过这一带时,看见北边连绵起伏的山峦比较奇特,恰似一条腾云驾雾的长龙,尾巴甩在何各庄村,龙身绕过石厂村,而苛罗坨村的山头正像昂着首张着口的龙头。

这个道士修行多年,道行自然很深,定睛细看苛罗坨村北的龙头山,看出山顶巨石中有一对金鸽子,于是便从石厂村请来两位石匠,让二位凿开巨石,并对二位千叮咛万嘱咐,一再强调凿石的两人不可同时休息,即使是吃饭喝水也必须坚持一人凿石不止。

两天过去了,巨石已被凿成槽子状。凿着凿着,两位石匠就想:道士为什么不准咱们两个人同时休息,而且也不说明原因呢?干脆,咱俩就一起休息休息,看看到底会发生什么事。于是二人取得共识,便坐下一起抽起烟来。这时,恰好下村取饭的道士送饭上来,走上半山腰却听不到凿石之声,近前一看,二人正坐在地上休息。道士便说:"你俩不用凿了。"二人问为什么,道士说:"这一带蜿蜒的北山,实际是一条长龙。你二人所凿之处是龙头的眼睛,龙头双眼正好藏着一对金鸽子。如果不停地凿,劈开此石就能将两只金鸽子取出,如果稍微停下来,金鸽子就会腾飞而去。所以,你二人再凿也没用了。"两个石匠听罢,大惊失色地埋怨道:"你怎么不早说呀?"道士说:"此乃天机,岂可泄露。"

如今,苛罗坨村北龙头山上,灌木丛中仍掩映着一块槽形巨石,

龙头岗以东是永定河冲积平原，以西是连绵的群山，一条自京城连接河北、山西、内蒙古的古道从龙头岗下经过，这条古道也是自京城去潭柘寺、西峰寺的必经之路。自古以来这一带是兵家必争之地，是自西南山区进入京城的最后一道关隘。

那就是由于石匠师傅中途停歇，金鸽子飞走的那块巨石。由于龙眼破了，没过多久那两只眼睛化成了两口井，一个在东边，一个在西边，只剩下那个槽子在那里了。现在那两口井还在，由于北京城地下水位下降太多，那两口井也早已干枯了。

十三陵龙母庄

《老北京的传说》里，我讲了几个关于十三陵的故事，下面我再来讲一个十三陵龙母庄的故事。

在十三陵的附近有个村子叫龙母庄。这个村子不大，人口也不多，可是因为它出了一个"龙母"，也就是娘娘，所以就有了名。

老一辈传说在很早以前，村里出了一个美丽的姑娘，长得比画上的人还好看。她爹是个庄稼把式，种地砍柴，养活家口，她娘是个瞎眼老太太，两个老人都非常喜欢自己的这个闺女。大伙都说庄里

作者在十三陵找寻龙母庄位置的时候，打听到龙母庄现已被改成一个度假农家院，具体位置是从蟒山公园前的水库路直向西北走，步行大约40分钟，左手边有个龙母庄乡村酒店的牌子，此图即拍摄于此。

的风水好,他家的福气大,才生了这么一个好闺女。

这年,闺女长到十八岁,到了该说亲的时候。远近各个地方的人都来了,你提一个,我提一个。可是提来提去,不是闺女看不上,就是两位老人不同意。

这天,闺女出去挖野菜,从景陵走到了裕陵,又从裕陵走到了长陵,一边挖野菜,一边欣赏十三陵的景致。她看着看着,忽然来了一队骑马的兵丁,大声吆喝:"圣驾祭陵,闲杂人等回避!"闺女刚开始没听到,还在那蹲着继续挖野菜。就在这时,这队骑兵来到她面前,不由分说,把她抓了起来,押解到了拂尘殿。

不一会儿,祭陵的"圣驾"就到了。一队人马前呼后拥,人群中间是一顶滚龙花轿,有三十六个人抬着。这"圣驾"里到底是谁呢?原来是正德皇帝。正德皇帝是孝宗弘治的大儿子,明朝传到他这里已经是六七辈了,虽说禹传子,家天下,可他却不理朝政,每天沉醉于酒色之中,弄得身子骨很差,每次祭天都爬不起来,每次祭地更是像霜打的茄子。这天,他来到如今的十三陵,一来祭祖,二来也看看自己的陵墓修建得怎么样了,三来他在宫里待闷了,出来散散心。

既然是祭祖,就要挨个陵寝来一遍,先从长陵开始,别的皇帝都是当天来当天走,可正德太懒了,他总是提前几天就来了,先在拂尘殿休息休息,然后再动身祭拜,然后再回来休息休息,再去祭拜剩下的,所以拂尘殿在他掌政时期,也扩大了好几倍。他在这里每次都要待上半个月,这次来也是先在拂尘殿休息,沐浴更衣,进行斋戒,然后再去上陵。他被众星捧月般簇拥下轿子,来到了长陵,进了正殿,过了甬道,来到明楼,对着一块朱砂碑作揖磕头,三拜九叩,随行臣子也一一跪拜,这时正德起身看了看这个石碑,上刻"大明成祖朱棣"。

刚一祭完陵,正德就已经腰酸腿疼,筋疲力竭了,于是吩咐备

轿,打道回行宫。

到了行宫,歇息半晌,正德才算缓过点精神来。这时他听说拂尘殿押着一个姑娘,便想前去看看,到了跟前一看,心里一阵欢喜:这是哪家的姑娘,长得这般好看。我的宫中有成百上千的宫女妃娥,都不及这个姑娘。于是正德问身旁的卫士,这个姑娘是怎么个情况。卫士说:"是护陵官交来的。万岁爷祭陵,她不回避,有刺王杀驾之意!"正德一听,心想:这个姑娘胆子不小啊,还敢行刺我,我倒要看看她有多大胆量。他走上前去,问姑娘:"你好大胆子,知道我是什么人吗?"姑娘说:"不知道!"

"那你来这里干什么?"

"我是来挖野菜的!"

"你住在哪里?"

"就在前边的村子里。"

正德一看,这个姑娘说话不像刺客,模样又俊俏,越看越喜欢。这时,旁边有人说:"你好大胆子,见到皇帝还不下跪!"姑娘还没说话,正德就先说了:"你别害怕,今天算你运气好,我收你为护驾娘娘!来人,松绑!"

姑娘一听:"什么胡家娘娘,我要回家找我爹娘去!"

正德便下令:"来人,把这个姑娘的爹娘给我找来!"兵丁们领旨便去了。

姑娘的爹娘正发愁女儿怎么还不回来,突然一群官兵闯了进来,一个当官的说:"你俩别怕,万岁爷叫你们去一趟。"老两口一听,吓得哆哆嗦嗦,跟着去了。

两个人战战兢兢地见到皇帝,正德说:"你们的闺女犯了国法,本应重办,但念她年纪轻轻,免于治罪,收为护驾娘娘,赏你们二百两银子回家去吧!"老两口一听,这闺女要是进宫,就再也出不来

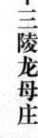

明武宗朱厚照(1491—1521),年号正德,明孝宗长子。即位之初宠信宦官刘瑾等人,淫乐嬉游,建豹房,纵情声色。大兴土木,因扩建皇庄,掠夺人民土地,激起反抗。多次出行,沿路骚扰,人民逃匿山谷。正德十四年,因群臣谏阻南巡,廷杖大臣100余人,死11人。在位期间,社会矛盾激化,爆发了刘六、刘七农民起义,统治集团内部,安化王、宁王起兵反叛,加速了明王朝的衰落。

了,于是赶紧磕头:"万岁爷开恩啊!我们只有一个闺女,可不能进宫啊!"谁知当他们再抬起头,正德早就走了。

正德皇帝得到这样一个美女,祭祀的事情当然就更懒得去了,自己的陵墓也不看了,整天陪着这个护驾娘娘。过了许多天,不得不回宫了,皇帝一下子犯了难,为什么呢?因为皇帝纳妃子要有一整套的规矩,放下吧,舍不得,带进宫吧,没有理由。他想来想去,只好一狠心把护驾娘娘留在了这里,吩咐护陵官把娘娘送回娘家,好好保护,等过段时间他再来。

可是好景不长,正德回去没多久就不行了,要在临终前立个太子,这下可忙坏了满朝大臣,因为正德在宫里没有儿子。大家想起还有个护驾娘娘呢,连忙派人来察访,看是否生有男孩。

这时的村子已经变了样,姑娘的爹娘都已经死了,只有她和她的儿子相依为命。察访的人一看,是个男孩,喜出望外,不容分说,就把这个孩子给带走了。而护驾娘娘呢,被扔在那里,再也没有人过问,不久她就郁郁而终了。

这孩子回去就当了太子,正德一死,他就成了皇帝。等他再回村找母亲时,才知道母亲已经死了,于是他加封了这个村子。过去人们都说皇帝是龙投胎,皇帝的母亲当然就是龙母了,这个护驾娘娘也就成了龙母,而她在的那个村子也就成了龙母庄了!

老北京的传说(续篇)

定陵的石头宫殿

定陵是万历皇帝的陵寝，花了八百万两白银，用了六年时间修成。它的规模在明十三陵里，虽然算不上是最大的，但排场可着实不小。仅是那地下工程就有三座大殿，两间配殿。四通八达的隧道，金刚石的地面，汉白玉的宫门，好不阔气！

可据说原来的宫殿更是辉煌，全部采用上等的金丝楠建造，飞檐斗拱，雕梁画栋，比紫禁城的金銮殿还要气派好几倍，那为什么又改成石头结构呢？传说是这样的……

万历是个很会讲排场的皇帝，一登基就想修一座漂亮的陵墓。燕王修长陵用了十一年，他却要十二年，而且选调全国名师巧匠，搜集最好的木料，一定要超过当时最好的长陵。底下的大臣看出了皇帝的心思，马上把材料运齐，工匠也全调来，选了个吉日，就动工了。

开工以后，人山人

明神宗朱翊钧（1563—1620），是明朝第十三个皇帝。穆宗朱载垕第三子，隆庆二年（1568）被册立为太子。隆庆六年（1572），穆宗病死，朱翊钧继位，第二年改年号为"万历"，故后人又称他为万历皇帝。朱翊钧在位执政的48年时间是非常矛盾的：他曾作为一代英主，在大臣们的辅佐下，使经济得到了空前的繁荣；也曾28年不上朝听政，被后人认为是中国历代帝王中最懒惰的；他还穷奢极欲，横征暴敛，为此背负了千古骂名。因此他的帝王生涯总是引起人们较多的关注。他是明朝在位时间最长的皇帝。

定陵位于昌平县境内天寿山南麓，是以明十三陵中所营建的第十座陵墓而建的遗址博物馆。定陵是万历皇帝朱翊钧和他的两位皇后的陵墓。建于1584至1590年，占地面积18万平方米。定陵地宫是目前十三陵中唯一被开发的地下宫殿，是中华人民共和国成立后第一座有计划发掘的帝王陵墓。地宫共出土各类文物3000多件，其中有四件国宝：金冠、凤冠、夜明珠和明三彩。

海，民工挖土，匠人凿石，好不热闹。当时修建是没日没夜，一个三年，又一个三年才修好前殿和中殿，一个三年，又一个三年，才把这座地下宫殿全部修齐。这下工匠们终于可以喘口气，也总算熬出头了。可让他们万万没想到的是，皇帝不放人，且暗中下令，凡是修过陵墓的一个也不能放走，全部杀掉。原来皇帝怕工匠们泄露自己陵墓的秘密。

工匠哪里知道会有这么一手，还等着领工钱呢，可是等了几天就觉得不对头，怎么守卫陵墓的士兵越来越多啊，把他们都看了起来。大事不好，一定出问题了。于是他们暗中打听，终于明白是皇帝要下毒手啊！工匠们都很着急，便凑在一起想办法。俗话说，人多力量大，你一言我一语，终于想出了办法——放火把宫殿烧了，反正是一死。

就这样，等到这天半夜，大家齐动手，一下就浓烟滚滚，火光冲天，把一个金碧辉煌的陵宫烧得一干二净。连门口那块月亮碑也被烧成一块火红的石头，上面的浮云月影也烧没了。

万历皇帝听说自己的陵寝着火了，也顾不得杀人，赶忙下令，

老北京的传说（续篇）

再到全国各地调运木料,重新修建。这样工匠们虽然还要重新干十几年,但是命却保住了。

时间一晃就过去了,宫殿又修好了,可万历皇帝还是要把这些工匠杀掉,而工匠们也不示弱,齐心协力又把重修好的宫殿给烧了。万历皇帝这回可傻眼了,这时有个大臣说:"启奏我主,木能生火,总不是长远之计。何不改为石材,来个铜帮铁底,也好传于万世。"皇帝一听有理,马上下令改用石头。结果,什么陵恩殿啊,明楼啊,券门啊,全部都是石头的;连枋栋、斗拱、栏槛、门钉都是石头雕刻的;排柱也都改为金刚石的了,什么"艾叶青"、"汉白玉",应有尽有。这样,定陵的地下宫殿就变成石头的了。

工匠们呢?可怜他们到最后还是免不了被杀头,不过这个石头陵寝也没有保住它主人的秘密!

悼陵监村

悼陵监民俗村距昌平区政府6.1公里，村域面积3.3平方公里，清代成村。明世宗孝洁陈皇后葬于此地，名悼陵，并设神宫殿，后成村落。这里环境优美，景色迷人，民风淳朴，绿树成荫，为久居闹市的人们体会自由自在的田园式生活创造条件。周边景区有：明十三陵、沟崖自然风景区、蟒山公园、九龙游乐园、高尔夫球俱乐部、雪世界滑雪场、奥林狩猎场、居庸关等。

在十三陵，每个陵旁边都有一个和帝陵名字相同的村庄，那里是由看守各帝陵的陵户历代繁衍而成的，如长陵和长陵村，献陵和献陵村，景陵和景陵村……那么，埋葬崇祯皇帝的思陵旁边，当然也应该是思陵村了。可是，如今整个十三陵一带就偏偏没有这个思陵村，而是有个悼陵监村。这到底是什么原因呢？

大家都知道，李自成率领农民起义军攻入北京后，崇祯在走投无路的情况下吊死在煤山。据说，由于当时战争纷乱，崇祯和周皇

后的尸体停在北京东华门外,一连好几天都没人过问,迟迟不能安葬。后来,大清政府入住京城,想要笼络明朝后裔的人心,于是命令昌平州官安葬崇祯,当准备起运他的尸体时,人们才发现,崇祯皇帝的脑袋不知被谁砍掉了。

当时,大伙儿怎么找也找不到这颗脑袋,最后,实在没有办法,只好现找材料和工匠,铸了个金头,把它安在崇祯皇帝的脖子上,才得以完葬。

就这样,崇祯被葬在了思陵。甭看崇祯"亡国之君"的名声不好听,可他脖子上安的金脑袋却是个好东西,也因此招来了一些贪财的贼人。

刚开始,由于清朝皇帝的严令和思陵村各陵户的精心看管,崇祯的地下墓葬总算是完好无损。后来许多年过去了,陵户几经变迁,看管得就不那么紧了。一天,村里有位老人清早起来拣粪,经过崇祯的墓前,忽然发现坟墓已经被挖开了,敞着一个好大的洞。他急忙回到村里,把这事对护陵官员说了,护陵官员马上带了一帮人赶到坟地,他们走到被挖开的洞里一看,棺材早已经腐烂了,崇祯的尸体也只剩下一副骷髅架子,安在他脖子上的那颗金头呢,也不见了。大伙儿心里明白了,盗墓的人就是奔着这颗头来的。这金脑袋少说也得有十好几斤,看来,它早就被人弄走了。护陵官员心想,大伙儿这么愣着也不是个事呀,就派人到州里报了案。其实,上报

明思宗朱由检(1610—1644),生于立春日,父朱常洛,母刘氏。登基次年改年号"崇祯",为朱常洛第五子。是中国历史上最为勤勉,同时也是最具悲剧色彩的皇帝。"无力回天"这四个字,可以概括崇祯的一生。朱由检与其兄长朱由校在位时间均短(明光宗朱常洛生有七子,然长大的只有朱由检和其兄长朱由校)。朱由检16岁继承帝位,此时明帝国因为小冰河期天气异常寒冷,灾荒频繁和外敌频繁入侵,而在风雨中飘摇。

悼陵监村

州官又有什么用呢？日子一长，这件事就这么糊里糊涂地搁下了。

后来，陵户们商量着说，在崇祯的墓里还有皇后、贵妃的遗体及其他附葬品，要是以后还有人来盗墓怎么办？于是，他们就立下了一些新的护陵规矩，并且决定把思陵村改名为"盗陵监"村，意思是对盗掘陵墓的人要时刻提防，严加监看。时间又过去了很久，"盗陵监"村渐渐地成了现在的"悼陵监"村。

小汤山的温泉

说起温泉,健身防病的效果可是很好的,但对于北京来说,有温泉的地方不多,可为数不多的温泉却十分有名,问谁谁都会知道,那就是小汤山,它的水为什么热呢?这里也有个传说。

老辈人说,从前在秦始皇修建长城的时候,天上的太阳特别辣,把大地晒得像开锅似的,什么东西都不长,人更受不了,要七天七夜才能睡一次觉。修长城的人累得筋疲力尽,晒得死去活来,病的病,死的死。狠心的秦始皇不管死活伤病,一股脑儿将他们都

小汤山是京北重镇,素有"温泉古镇"之美称,西北距昌平卫星城东南10公里,南距亚运村17公里,东距首都机场16公里,总面积70.1平方公里。小汤山具有地热资源丰富的自然优势。因此处山丘较小,仅有海拔50.1米高,且山麓有温泉,古人称热水为"汤",故名小汤山。

道教俗神,天庭大将,原型甚多故姓名不详,玉帝的外甥,阐教元始天尊门下徒孙,玉鼎真人的大弟子,变化无穷,神通广大,肉身成圣。早年劈桃山救母,视天界兵将如无物,受封清源妙道真君;又助武王伐纣,再封昭惠显圣仁佑王。王母甚为疼爱,但因与舅舅玉帝不和,故不愿住在天界,而在下界守人间香火,率领梅山七怪七位结义兄弟和麾下1200草头神驻扎灌江口,与玉帝立约"听调不听宣"。刚直公正,显圣护民,凡人间生灵危难,呼其尊号必往救。此图拍摄于北京灯市口路东一个饰品店前,据传为哮天犬,原在史家胡同的二郎神庙(俗称狗神庙)内。

老北京的传说(续篇)

给埋在长城下,连尸首都找不着。这事后来惊动了二郎神。

有一天,二郎神站在山顶上,往下一瞧,嘿!下面的人群像蚂蚁一样,挑石头的,抬土的,拉成长趟,呼哧呼哧直喘粗气,走一步就要摔一个跟头。有个老头,刚慢了几步,监工的就过来"叭叭"几鞭子,把老头抽得再也站不起来了。二郎神实在忍不下去,就变成个老头,来到监工的跟前,对他说:"天这么热,活儿这么紧,你干吗还要打他们?不能叫他们歇会儿再干啊!"

监工的瞧了瞧这个老头,哇哇叫起来:"让他们歇着?让他们歇着,谁给我抬这个!"他恶狠狠地指着石头和土堆说道。

二郎神看看他那副凶相,再看看那些石头和土堆,说:"你叫他们歇着吧,我来挑!"

监工的把眼一瞥,心想:你倒挺心善,你这个老头子,都快走不动了,你来挑不是自找苦吃吗?于是凶道:"好,你挑吧,要是挑不了,我就宰了你!"

二郎神说:"你得叫他们歇着!"

监工的没办法,就站在一块高大的石头上喊:"你们都去赶紧歇着,一会儿好给我卖力干活!"

大家听到这话,都松了口气,赶紧坐下休息。

二郎神拿起扁担,把山戳上窟窿,穿上担起来,脚下踩着白云,走来走去,不一会儿的工夫,就把一

座座山给挑走了。这时,二郎神拿起鞭子,看看天上,对准那个大太阳,使劲地抽啊抽,只见那太阳里分出两个大火球,跟两个小太阳似的。二郎神就把这两个新出来的小太阳赶啊赶的,一个被赶到"汤泉"这个地方,还有一个就被赶到了北京小汤山。

从此,这两个地方成了北京著名的温泉圣地。

狄仁杰审虎

狄仁杰，生于隋大业三年(607)，卒于武则天久视元年(700)，字怀英，唐代并州太原（今山西太原）人，唐代初期杰出的政治家，武则天称其为"国老"。狄仁杰为官，如老子所言"圣人无常心，以百姓心为心"，为了拯救无辜，敢于拂逆君主之意，始终保持体恤百姓、不畏权势的本色，始终是居庙堂之上，以民为忧，后人称之为"唐室砥柱"。是我国历史上以廉洁勤政著称的清官。

有一部电影叫《狄仁杰之通天帝国》，大家对狄老也都不陌生了，那么我就说个他在昌平当知县的故事吧。

话说有一年，狄仁杰到昌平来任知县，转眼三年已过，境内吏廉事顺，风清民安，一时间百姓们夜不闭户，路不拾遗，息争罢讼，安居乐业。

这一天，狄仁杰微服私访后回到衙门，正在后堂宽衣小憩，忽然听到前厅堂鼓咚咚，冤声连连。狄仁杰急忙穿袍扎带，戴帽登靴，升堂问案。喊罢堂威，狄仁杰俯身观瞧，只见一位六旬开外的老妇人周身褴褛，满面泪痕，跪倒在公案前。狄仁杰轻敲惊堂木，缓声问道："何人击鼓鸣冤？"老妇人一字一泪地说道："民妇冤枉。"狄仁杰又问道："你有何冤枉，如实讲来。"老妇人以袖拭泪，说道："青天大老爷在上，民妇沈刘氏，家住鼓楼西街忠孝里一十三号，丈夫早亡，膝前

朝凤庵村距离昌平城区仅1.5公里。唐代即已成村，名曹房庵。五代时期，村落已有一定规模，名叫曹村。明代靖难之役后，在此修建佛庵安抚亡灵，名朝凤庵，村即因庵得名。自清《光绪昌平州志》开始，官书中始称此地为朝凤庵，沿用至今。此图为朝凤庵遗址，拍摄于朝凤庵村北。

只有一子，名唤沈柱，打柴为生。因家境贫寒，我儿年过三旬，尚未娶妻，母子相依为命，苦度光阴。三日前，我儿与邻居结伴进山打柴，被老虎坏了性命。可恶的老虎夺我天伦之爱，断我残年生计，恳请大老爷派出官兵，灭此孽畜，为我那苦命的孩儿报仇雪恨呐。"说到伤心之处，老妇人不禁涕泪横流。

狄仁杰听罢老妇人的陈述，心中暗自思忖：县衙乃排解民争重地，自古审人不审虎。再说，老虎乃兽中之王，莫说踪迹难寻，就是寻到踪迹，人虎争斗，也难免伤人害命，这可如何是好？狄仁杰只顾低头思忖，半晌不语，老妇人以为是县官不肯给自己做主，连呼数声："大老爷为民妇做主哇！"同时叩头如鸡啄碎米一般。狄仁杰见状恐生意外，当即准了此案。

第二天，狄仁杰传唤城北的猎户到县衙来领告示，上面写着：昌平县正堂为告示事——兹有猛虎日前吞食中年樵夫者，限十日内到本衙门投案自首，听候发落。众猎户领了告示，出了县衙不禁

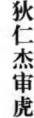

狄仁杰审虎

掩口失笑,分头将告示张贴于山林深处,及虎豹出没之所。

次日清晨,狄县令刚刚坐衙,一只老虎缓步走进县城北门,三拐两转,进了县衙。百姓远远望见,纷纷关门闭户,站堂的衙役也不禁相顾失色,心惊肉跳。衙役偷眼向上观瞧,但见狄县令竟和平常一模一样,一拍惊堂木问道:"老虎,本县问你,沈刘氏的儿子可是被你所伤?是则点头,不是就摇头。"老虎闻听点了点头。狄仁杰又问道:"老虎,你伤了沈柱的性命,他家有六旬高堂无人奉养,何以善终;他母子二人骨肉分离,何以承欢;今日来县自首,可是知罪?"老虎又点了点头。狄仁杰一拍惊堂木:"既然知罪,你是认打还是认罚?"老虎看了看衙役们悬的佩刀和手中的水火无情棍,不由自主地打了个冷战,伏在地上一动不动。狄仁杰见状问道:"老虎,你是认罚吗?"老虎跪在地上点了点头。狄仁杰叫差人请来了沈刘氏,从后堂拿来了一个木头牌子,上面刻着"昌平县正堂"五个大字,搭在老虎的脖子上,狄仁杰当堂断案:"老虎,沈柱已死,无法复生,这养老送终之责由你承担,可有话说?"老虎闻听,跪伏在地,向上叩了三个响头,又走到沈刘氏跟前,跪伏在地上。沈刘氏见老虎向她走来,吓得连连向后躲闪。狄仁杰说道:"沈刘氏不必惧怕。这老虎既然来衙投案,必有悔悟之心;愿承养老送终之责,是有补过之意,只管大胆承受,谅也无妨。"沈刘氏闻听,壮着胆子在堂前站定。老虎趴在沈刘氏身旁,频频回头,示意沈刘氏骑在它背上。在众衙役搀扶之下,沈刘氏骑上虎背,老虎便出了县衙。

到了大街上,过往行人见县衙里走出一只斑斓猛虎,无不舍挑弃担,抱头鼠窜。老虎来到集市上,沈刘氏就从粮贩的米袋中盛了些米,从面柜中舀了些面,转眼之间已将一个小袋子装得满满当当,老虎遂将沈刘氏送回了家中。从那以后,每隔十天半月,老虎就驮着沈刘氏到集上来攒一次义粮,日久天长,大家见老虎并无恶

意，就主动把自己的粮、菜送到沈刘氏的面前供她选用，胆子大的还凑过来偷偷地捋捋虎毛呢。

后来，沈刘氏病故了，老虎用一床棉被裹了沈刘氏的尸身，叼到朝凤庵村北的汗包山顶上，用前爪刨了一个坑，葬埋了沈刘氏。起初，人们经常看见老虎蹲在坟旁为沈刘氏守孝，三年后老虎就隐逸山林了。老百姓私下说：狄仁杰是天上的星宿，所以能审虎；老虎是下凡的神兽，因而懂人话、通人性；沈刘氏也是个神灵，老虎为其养老送终。每逢久旱不雨，人们就到汗包山顶上沈刘氏的坟前焚香礼拜，俗称"烧汗包"，十天之内或多或少总有甘霖降下。这个风俗一直延续到20世纪50年代中期。后人写了一首《西江月》称赞道：

　　义虎尽孝如男，
　　老妪安享天年；
　　狄公德高审猛虎，
　　美名千古流传。

由于狄仁杰为官清廉开明，后人专为他修了座"狄梁公祠"，遗址就在今昌平县城西的旧县村里。

昌平区旧县村北原来有狄梁公祠，又称梁公庙，现在遗址无存。几年前，《狄梁公祠碑记》碑移进了昌平公园的石刻园内。碑的左上端形似"虎口"的图案已不完整，右上端的图案完全缺失，碑额只剩下篆体"公记"二字，碑身正文仍清晰可见。此图拍摄于北京五塔寺，为狄梁公祠碑拓片。

狄仁杰审虎

蟒山

蟒山国家森林公园位于北京西北郊昌平区境内,总面积8622公顷,同昌平区7个乡镇、47个行政村相邻接,距京城约35公里,因其山势起伏如大蟒,故名蟒山。有近13万亩面积的人工林,森林覆盖率为96.5%,堪称北京地区森林公园"面积之最"。园内各类树木花卉170余种,林区空气清新、景色迷人,山风吹起,松涛阵阵,沐浴在林海之中,令人流连忘返。此图拍摄于蟒山国家森林公园门口。

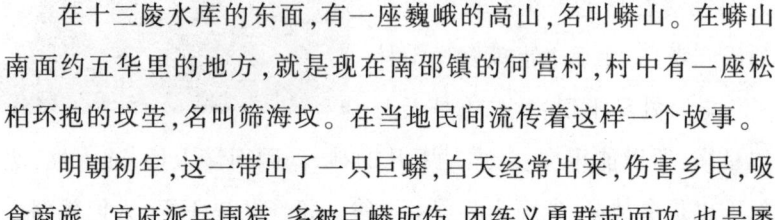

在十三陵水库的东面,有一座巍峨的高山,名叫蟒山。在蟒山南面约五华里的地方,就是现在南邵镇的何营村,村中有一座松柏环抱的坟茔,名叫筛海坟。在当地民间流传着这样一个故事。

明朝初年,这一带出了一只巨蟒,白天经常出来,伤害乡民,吸食商旅。官府派兵围猎,多被巨蟒所伤,团练义勇群起而攻,也是屡战屡败。一时之间人人谈蟒色变,没有一个人敢下田耕作,客商也都却步绕行。日久天长,田园荒芜,生计断绝,百姓们只好扶老携幼,远走他乡。

有一年农历三月二十四日这天,从何营村南的大道上来了一位白衣壮士,只见他腰悬宝剑,骑着一匹白骆驼,白骆驼通身上下绑满了利刃,从村边经过缓缓北去。青年壮士不时地东张西望,似乎在草丛树林中间寻找着什么东西。村里的人看见白衣

壮士独骑涉险，急忙上前拦阻，向他说明巨蟒如何厉害，劝他绕道而行。听完村里人的忠告，青年壮士在白骆驼上拱手说道："我正是为寻找那恶蟒而来，我叫伯哈智，是个筛海，昨天由此路过，听县城里的店家讲了巨蟒的恶行，决心拼着一死，为地方剪除祸害。"众人听了筛海那铿锵有力、掷地有声的豪言壮语，看到白骆驼身上的光刀利刃，不禁对伯哈智肃然起敬。原来，"筛海"是伊斯兰教的一个品级，只有到伊斯兰教圣地麦加朝过圣，并且德高望重的人才能荣获此衔。但是，大家又怕筛海遇到危险，仍旧苦苦相劝。筛海抱拳谢道："父老的美意晚生谢领了，只是巨蟒为害乡里，我怎能坐视不管？"筛海说完，拔剑在手，指天明誓："舍身斗蟒，为民除害，不斩恶蟒，决不生还！"众人见他意志如此坚决，很受感动，就在村边为筛海设宴壮别，一些身强力壮的青年还手执棍棒，跟在筛海身后为他助威。

出村不远，一阵腥风迎面扑来，众人顿觉寒气彻骨。循风望去，只见一条巨蟒挡住了去路。这蟒长约十丈，粗有五尺，盘起来像个矮丘，展开来似堵围墙，眼一瞪麦斗大小，嘴一张亚赛铁锅。筛海全

筛海（Shaykh），伊斯兰教称谓，又译"谢赫"，原意为"老者"、"长老"，是伊斯兰教对有名望的宗教学者的尊称。苏非派高级宗教师变有此称。修道者分为三级：最高一级是"穆勒师德"（传引人、导师），称太爷或教主，被认为是得道的人，具有卧里（圣徒）的品级，并能显示各种"奇迹"；次一级是"海里凡"，即穆勒师德的接替人，被认为是办道的人，具有"筛海"的品级；第三极是上两级的忠实信徒，称为"穆勒得"，即追随者，被认为是学习教门的人。此图拍摄于北京牛街礼拜寺内。

蟒山

明正统、嘉靖、万历三朝先后对此墓进行大规模修建，树碑立传，并修筑围墙，种植柏树上百株。清康熙五十二年（1713）重整墙垣，规定界址，墓门、神道重修一新，并于墓前立新碑。宣统元年（1909）又于墓前东侧立碑。1985年对墓碑进行了维修。伯哈智，阿拉伯人，全名穆罕默德·伯哈智。明洪武初年为献计策来到中国，得到太祖朱元璋信任，赐封其在朝为官。经太祖允诺，其乘一匹白骆驼到各地宣传伊斯兰教义。洪武末年到昌平传教讲学，寿终后葬于何营村。作者经了解得知：现回民张友朋家族负责照看此地，已经上百年，如今已修整一新。此图拍摄于伯哈智墓。

无惧色，手舞青锋剑来战巨蟒。可是他还没走到跟前，就连人带骆驼都被巨蟒吸入腹中。众人大惊失色，急忙跑回村去。有一个青年挂念着筛海的安危，就爬上村头的一棵大树观望。这一望吓得他惊呼起来，大家闻听也急忙爬上树向北观望。只见巨蟒以身盘树，大树立即折断；以尾击地，火星四溅；以头触石，声如沉雷。它跌扑翻腾了好久，众人不知是怎么回事，个个目瞪口呆。一个时辰过后，巨蟒浑身无力地慢慢向北爬去。

三天后，乡亲们在五里地外找到了巨蟒，它早已死了。筛海义士虽然剖开蟒腹出来了，但由于力气用尽，与白骆驼一起死在了巨蟒身边。筛海临终前，手中仍然紧握着青锋宝剑，怒指着巨蟒。

为了纪念筛海义士舍身杀蟒的义举，顺天府尹和昌平知州在何营村北圈地二十亩安葬了筛海义士和白骆驼。坟外筑起高墙，墙内植上松柏，又树碑铭文，昭彰后世。每逢筛海的忌日，当地官吏和

远近百里的乡亲们都要到这儿来焚香祭奠。六百年来,相沿成习,常常有许多人跋涉百余里来此凭吊。

巨蟒死后变成了一座大山,终日云雾缭绕,文人就给它取名云雾山,当地的老百姓却叫它蟒山,并教育子孙后代永远不要忘记这段故事,要像筛海那样,做为民除害的英雄。

九龙口

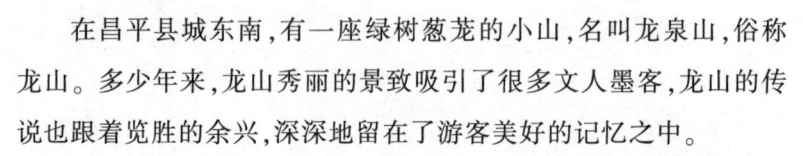

在昌平县城东南,有一座绿树葱茏的小山,名叫龙泉山,俗称龙山。多少年来,龙山秀丽的景致吸引了很多文人墨客,龙山的传说也跟着览胜的余兴,深深地留在了游客美好的记忆之中。

相传这座龙山是一条小黑龙变的,他是东海龙王敖广的爱子,因自幼聪颖过人而备受父母的疼爱。在他弱冠之年,老龙王踌躇许久,决定将他外放到帝辇之侧,任燕北龙王之职。小黑龙赴任之前,老龙王拉着他的手嘱咐道:"儿啊,燕赵之地可是人杰地灵,物产虽

白浮泉位于北京城北昌平县化庄村东龙山东麓,又名龙泉,是白浮引水工程的源头。元代著名科学家郭守敬为引水济漕,解决大都城的漕运,上奏元世祖引白浮泉水作大运河北端上游水源,至元二十九年(1292)白浮堰建成。白浮泉当年建有水池,将水围起,流水出处有青石雕刻的九个龙头,取名九龙池。水自龙口喷出,有"九龙戏水"、"九龙喷玉"之称。

老北京的传说(续篇)

不丰厚，但近年风调雨顺，百姓都很富足。到任之后，你要谨遵职守，切勿骄惰，多建功业，及早调职，尽快回到老父膝前来就高位。"小黑龙在老龙王眼前虽然唯命是听，但到任之后却自恃位尊才高，无人管束，终日嗜酒，疏于政务。日久天长，燕北地旱田荒，庄稼颗粒无收，百姓生计断绝，近万余人一起到龙王庙焚香祈雨，虔诚供奉神明，仍不见天上有一片云，地上有一丝风。

正当人们有些绝望的时候，从龙王庙南边的通途上走来一位鹤发童颜的老翁，手里推着一辆独轮车。他见人们扶老携幼跪哭于龙王庙前，就停下车来询问原委。听罢人们的诉说，过路老翁气得银须哆嗦，面色涨红，他一作揖辞别了众人，气愤地推车北去。

原来，这位老翁是上仙柴王爷。他今天早晨推着独轮车试罢新落成的赵州桥，在仙友庄上吃了几杯酒，推车漫步在燕赵之地，欣赏玩味着人间景致。他正在兴头上，却不期赶上了这件大煞风景的事情，惹动肝火，想要教训小黑龙一番。

当天晚上，柴王爷来到了龙王庙，值日神役说："龙王出行会友，尚未归来。"柴王爷驾云腾空向四野一望，见州城东南五六里路的地方有一朵五彩祥云，便赶紧过去。到了跟前，他果然见小黑龙醉卧于路边草丛之中。柴王爷连唤了几声："黑龙侄儿，黑龙侄儿。"只听到小黑龙鼾声如雷，不闻半句答话。柴王爷不禁愤然作色：我每到龙宫做客，敖广尚且高接远送，今日却受这晚辈小儿的无理冷待。他高声唤醒小黑龙，先责他不敬先贤，后责他不操职守，并将白天的所见所闻讲了一遍，最后责令小黑龙速降甘雨，将功补过。小黑龙不但不听先贤的教诲，反而把脸转了过去，他嫌柴王爷多管闲事，一桩小事絮叨个没完，索性给柴王爷个后脑勺，不理他了。这一来柴王爷可火了："好生无礼的小儿，待我到东海龙宫去找敖广。"说罢，他推车向东，头也不回。小黑龙怕把事情闹大，受到父王的责

九龙口

罚，他上前去拦阻柴王爷，谁知酒后两脚无力，一下倒在柴王爷的独轮车前，被柴王爷的独轮车从身上轧了过去。小黑龙虽然名列仙籍，但被柴王爷的神车一轧，却也身首异处。不过他在魂归冥录之前终于悔悟了，他想喊来司雨官，无奈牙关已紧，只好将腹中的仙水从牙隙间喷出，以此将功补过。

> 都龙王庙位于龙山之巅，明洪武年间建，明清时是著名的祈雨之所，香火鼎盛。庙坐北朝南，由照壁、山门、钟鼓楼、正殿及配殿等建筑组成。院内明、清碑刻5通，是研究当时民俗风情的重要实物资料。

小黑龙死后变成了这座龙泉山，甘冽的清泉从山麓东北碎石缝间的九个泉眼中喷涌而出，俗称九龙口。

旧日，九龙口旁古槐参天，绿柳垂荫，清泉吐着银花，与青山古树相映成趣，被文人们列入燕平八景，雅称"龙泉漱玉"。在当年柴王爷车轮轧过的地方，小黑龙的鲜血染红了地面。所以，现在龙泉山上龙王庙东边的山谷中还能挖出红土呢。

箭穿山

在崔村镇香堂村北,有一座百余米高的山峰,名叫箭穿山。在这座山接近山顶的地方,有一个南北相通的圆形山洞,据说是飞箭穿透,因而得名。这个山洞既是北宋杨家将武功高超的佐证,同时也记载着杨六郎的一件终身憾事。

北宋初年,辽寇屡犯边境,多亏了杨家将英勇杀敌,才使边关无虞。后来奸臣潘仁美为天齐庙打擂一事同杨家结了仇,就与辽邦

> 香堂村位于昌平区以东12公里,属崔村镇辖下的一个半山区村。村域面积14.2平方公里,全村602户,1840口人;村中有地3000余亩,其中粮田700亩,山坡地1200亩,标准化果园1500亩。2008年之际成为奥运旅游接待村。

暗中勾结,陷害杨家将。经过金沙滩的"双龙会"和两狼山两场恶战,杨家将死的死,逃的逃,只有杨六郎一人单枪匹马杀出重围,回到了京城。

面对辽兵南侵,北宋朝廷全无退敌之策。后来,八贤王赵德芳与天官寇准主持公道,为杨家申冤报仇,铡了潘仁美,并在皇帝面前保举杨六郎为兵马元帅,镇守三关,抵抗辽兵。杨六郎临行之际,佘太君拉着他的手说道:"儿啊,退辽上策,莫如'擒贼先擒王'。辽国元帅韩昌屡犯边关,我儿此番出征,定要擒住韩昌老贼,才能平息战祸,为国雪耻,为你父兄报仇。"杨六郎折箭为誓:"娘啊,孩儿此番出征,不擒杀韩昌,誓不还朝!"

佘太君欣慰地点了点头,亲自把盏,为六郎饯行。行军路上,杨六郎仔细回味着母亲的叮嘱,认真思考着擒敌之策。

转眼到了八月十五,孟良、焦赞吃罢晚饭,按照老规矩先到前营后寨巡查一番,然后来到中军大帐与六哥杨六郎饮酒赏月。兄弟三人推杯换盏,说古论今,正说到兴头上,忽然杨六郎长叹一声,泪洒衣襟。焦孟二将不知哪句话使元帅伤怀,正在不知所措,杨六郎止泪说道:"贤弟不知,三年前,父帅与众兄弟来到边关,恰逢中秋,一起在月下练武,共享天伦之乐。谁想时隔三载,玉兔依旧,父亲与众弟兄却相继捐躯,故而伤怀。又想起此番出京,老太君千叮咛万嘱咐,要我擒杀韩昌,以报国仇家恨。谁想到边关已半年有余,至今未能得手,因此心烦。"

焦孟二将劝说一番,也就退出了大帐。在归寝的路上,焦赞说:"明天我带上一哨人马,杀入辽营,擒住那韩昌老贼,交到元帅台前,为老令公与众位哥哥报仇雪恨。"

孟良摇头笑道:"匹夫之勇不足取,必须施巧计出奇制胜!"

焦赞一把抓住孟良的手腕:"有何妙计,快快告诉我!"

孟良一指焦赞的寝帐："你先去安歇，待我慢慢筹划。"

数日后的一个晚上，杨六郎正在帐中秉烛夜读，忽听帐外銮铃响亮。亲兵正要出帐查看究竟，只见焦赞盔歪甲斜，气喘吁吁地跑进帐来。杨六郎离案起身问道："贤弟，为何事惊慌？"

焦赞一边端盔正甲，一边喘着粗气说："恭喜六哥，贺喜六哥！"杨六郎一时间如丈二和尚摸不着头脑，诧异地问："半夜三更，喜从何来？"焦赞眉开眼笑地说："我与孟良已把韩昌老贼诓出了大营，六哥快随我去擒杀那厮！"杨六郎闻听大喜，吩咐亲兵："抬枪备马！"随即顶盔贯甲，与焦赞、众亲兵出了大营，埋伏在九里山下。

等了一会儿，不见动静，杨六郎问道："贤弟，你与孟良摆的是什么迷魂阵？"焦赞眉飞色舞地说："孟良设下一计，我俩人更时分来到辽邦营外的小山上，故意发出响声，惊动了辽兵。不一会儿，孟良告诉我说，韩昌老儿来了。我顺着孟良示意的地方望去，果然见韩昌站在营栏边，借着月光正暗中观察我俩的动静。孟良高声说道：'这般时光，六哥单骑出营，若有差池，如何是好！'我说：'六哥去向不明，要到哪里去找？'孟良似乎猛然想起什么似的说：'六哥常跟我说，九里山下有一位隐士高贤，有破辽退敌之策。六哥想要仿效刘备三顾茅庐的故事，靠近敌营，去寻贤访才，被我拦阻，莫非今夜孤身涉险，到九里山去啦！'说完，我们牵着马下了小山，走了二三里路，不见辽兵来追。我说：'咱们的钓饵不香，韩昌不肯中

韩昌，字延寿，小说《杨家将》中的人物，原本是汉族，因为文武超群成为辽国的文武双状元，是辽国排名第一的英雄。萧太后赏识他的才能，将大公主许配给他。韩延寿便成为辽国的大驸马，受封扫难灭宋兵马大元帅，统领大辽六国三川数十万人马，掌中一杆三股钢叉，不仅武艺过人，更兼足智多谋，通晓韬略，与杨家三代为敌，是杨家将最为强劲的敌人。此图为京剧剧照。

箭穿山

孟良、焦赞是评书《杨家将》中两员以勇猛著称的大将，常常一起出场，被称为焦不离孟，孟不离焦。真实的情况是，孟良没有明确记载，只知道他是杨六郎部将，墓地在河北永清。从各地叫做孟良崮、孟良营、孟良梯的地名，依稀可以推测孟早年是绿林好汉，后来在宋军中成为对辽防御的北军军官。焦赞则被证明是北宋后期富弼部下，也是抵抗辽军的北军将领。焦赞墓在今天的河北雄县。事实上，焦赞和北宋前期的杨六郎根本不可能相识，他被安排给杨家将做下属，就是评书艺人的加工了。此图为京剧剧照，左为孟良，右为焦赞。

老北京的传说（续篇）

计。'孟良说：'韩昌不是三岁的娃娃，怎能轻易中计？咱们身后定有辽营的密探尾随，探明咱们没有埋伏，才会追来。'话音未落，身后隐约传来了马蹄声，知道是辽兵悄悄跟踪而来。我俩回头一看，为首的那员番将正是韩昌！"

焦赞正说到高兴处，忽听山路上传来了急促的马蹄声，赶紧住了口。众人躲进路边的草丛中，定睛一看，只见孟良马上加鞭，急驰而来，并不时地侧过身来，望望背后。焦赞刚要叫住孟良，被杨六郎用手捂住了嘴。过了一会儿，十几员番将跑了过来，杨六郎从人群中一眼就认出了骑枣红马的韩昌。仇人相见分外眼红！杨六郎跃马挺枪迎上前去。韩昌发现中了埋伏，正要拨马逃走，杨六郎已经来到面前，只好舞刀应战。孟良见自家的伏兵杀了出来，返身与焦赞率领众亲兵接住番将，杀在一起。韩昌自家人少，无心恋战，且战且走；杨六郎报仇心切，紧追不舍。双方打到香堂村外时，东方已经出现了曙色。杨六郎心想：此处离辽营甚近，如不速胜，辽兵天亮赶

文中所提箭穿山据照片中的几位老辈村民讲确实存在，只是离村还有不近的距离，步行半日才能到达，可惜作者是下午到的香堂，有兴趣的读者可以亲自探究。作者询问的具体路线：从村中圣恩禅寺旁山路向北，翻过高压输电架所在山（即图中圈出的山）后即到。

来，岂不前功尽弃。于是，他使出浑身解数，一杆银枪上下飞舞，杀得韩昌只有招架之功，没有还手之力，只好借机虚砍一刀，拨马便跑。韩昌急切之中慌不择路，催马逃上了陡峻的高山，杨六郎紧随其后，越追越近。忽然，韩昌的战马蹬落了一块山石，竟然朝杨六郎的马头砸去。杨六郎带马躲开飞落的山石，韩昌乘机逃上了山顶。杨六郎见状急忙挽弓搭箭，朝韩昌射去，可惜雕翎箭射在接近山顶的岩石上，将山石射穿了一个大洞。韩昌回头见此情景，惊恐万分，狠抽战马数鞭，一溜烟似的逃回了辽营。杨六郎奔上山顶，见韩昌已经逃远，前面旗幡招展尽是辽军的旗号，不禁长叹一声，下山汇齐孟良、焦赞，怏怏地返回营盘。

　　这一场埋伏战虽然杨六郎未曾得手，却吓得韩昌得了一场大病，只好撤兵回国，数年不敢犯境，使燕地的百姓免受了劫掠之苦。当地的老百姓为了纪念杨六郎一箭吓退韩昌的英雄壮举，就把这座山叫"箭穿山"了。

箭穿山

云峰山下不老屯

云峰山风景区坐落于密云水库北不老屯镇附近，处于密云县东西两大风景区之间，东靠密云古北口、司马台长城、雾灵山风景区，西接云蒙山风景区，距密云县城30多公里，交通便利。这种庙宇与森林呼应协调的景观，在北京地区甚为少见，这正是云峰灵境之妙处。云峰山海拔305米，自山麓至山顶，分布历代刻石37处。闻名于海内外的北魏光州刺史、著名书法家郑道昭于公元511年，在此山留下了宝贵题刻17处，均刻在山内险峻的摩崖之上，主要刻石有《郑文公下碑》、《论经书诗》、《观海童诗》等。

北京东北密云县内，密云水库的北岸，有一个风景秀逸的云峰山，是个新兴的旅游景点。它不但有着迷人的风光，而且还有许多传说。其中山下的不老屯，就是因为村民王志遇仙而得名，说来十分有趣。

王志是个憨厚淳朴的农村小伙子，喜好棋艺。一天，他去云峰山上砍柴，走到半山腰，见两位老者在石坪上下棋，便放下斧头和扁担，在一旁观起"阵"来，看得兴起，竟然忘记了砍柴。时间一长，他肚子有些饿了，正在无奈之际，忽见两位老者拿出一些桃子，边吃边下。王志看着眼馋，也想要一个桃子，老者就给了他一个最小的。王志很是气愤，心想：这人真小气，给个这么小的。唉，权且充饥吧。不过吃完后，王志觉得周身轻快，七窍通畅，精神倍增，继而有飘然之感。他再一看，二位老者已然离去，不知去向。

这时,王志才想起还要砍柴营生,他在拿斧子扁担的时候,发现斧饼和扁担都已经朽烂成粉末了。他感到很愕然,只好拿着斧头儿下山回家,但已辨认不清回家的路了,于是仅凭记忆,摸着方向,寻路下山。等他进到村里一望,这里已是面目全非,自家院落也不是原样了。这时从里面走出一个老汉,自称姓王,说他的老祖宗名叫王志,昔年入山砍柴,一去不返,已有三代了。

　　王志听完恍然大悟,原来在山上碰到的两位老者乃是仙人,只怪自己肉眼凡胎不识真人。

　　就这样,王志回家的消息传开,很多人都来看望他。他的子孙们都已皓首银须,而他却乌发红颜。从此,人们就把王志所住的那个村子称为了"不老屯"。

　　这正是:

　　　　仙桃入口隔三代,
　　　　奇事风闻传万年。
　　　　不老屯中人不老,
　　　　云峰山下即桃源。

燕落村

下面再说一个云峰山下的故事，这回换作一个叫燕落村的地方。这个大村拥有一千四五百户人家，四五千口人，而这个村的名字也有个传说。

在古代有一位皇帝，鉴于这里北踞雄关，南临沃野，三面环山，山势奇险，一面环水，物产丰饶，财经足用，实在是个风水绝妙的宝地，便想在此建都，于是派了个建筑大臣一同来到此地。

可是，当地老百姓生怕工程浩大，担心所需种种费用和劳役落

燕落古城址，位于密云县燕落村，背靠云峰山，东西为丘陵地带，城南是一片低洼的开阔地（现为密云水库）。此城原修建于隋大业初年。古城为长方形，西南角凹进，南北稍长，东西较短。全城周长2840多米，占地面积约24100平方米。墙体为粗沙黄褐土砸实筑成，未见夯窝。现北墙尚存大部，残高2米有余，中部似有北门的建筑痕迹。城的东西两面墙体尚残存几段，有的高约3米，有的不足2米，南部城墙破坏严重。

到自己头上，就让大户们出面以重金贿赂前来访查的大臣，请他们向皇上奏明：虽说此地形势好，但这是只知其一不知其二，这里还有诸多不吉利的地方。

首先，燕落这个名字不吉利，"燕落，燕落，燕必衰落"。

同时，村西还有一"黄土坎"，乃古代的"皇刀砍"，"燕落皇刀砍，国主命必短"。

再者，"云峰"乃"云锋"之谐音，山上的"超胜"庵乃"超圣"之谐音。

何况西北方向有一山头，高下里与云峰山差不多，孤峰挺拔，名曰"贼山"。有贼山窥伺，主于江山永不太平。

根据这四个不利之处，倘在此建都，国祚必衰！

大臣听过这些，赶紧如实上奏，最后皇帝终于放弃了在此地建都的想法，又按当时的建制，把这个地方划归燕落郡了。

至今燕落村还残留有古城的残址遗迹，可见这个传说有些根据，但究竟发生在什么时代，这就无法说清楚了。

根据一些史地书籍，诸多书中写作"燕乐"而无写"燕落"者。笔者以为，古之"燕乐"就是今天的"燕落"，当初必是讹传"燕乐"为"燕落"，这才与传说内容相合。

从水师营到火器营

当初,康熙皇帝在热河行宫附近,建立了一个青龙水师营,有龙兵三千,虎兵三千,兵士全是从广东、福建沿海一带招募来的。到了乾隆年代,水师营的兵士们,在都统尼马善的率领下,天天操练武艺,演习水战,也算得上是一支很有战斗力的队伍。但是,这个水师营最后却被乾隆皇帝给遣散了。

原来,当时的权相和珅,很受皇帝的重用。正是这位和珅,跟尼马善素有矛盾,想方设法要把尼马善除掉。有一年,乾隆想到热河行宫去检阅青龙水师营,和珅就对他说:"水师营都统尼马善久有谋叛之心,为了预防不测之事发生,最好不要前去。"乾隆不信和珅的话,还训斥他是"庸人自扰"。

乾隆一行人到了热河行宫以后,和珅就暗地派人在阅武厅的立柱上,用枪打进了三粒锡弹。当乾隆来到阅武厅检阅时,尼

避暑山庄,位于河北省承德市北部,始建于1703年,历经清朝三代皇帝(康熙、雍正、乾隆),耗时89年建成。是清代皇帝夏日避暑和处理政务的场所,为中国著名的古代帝王宫苑。避暑山庄及周围寺庙(曾用名热河行宫)于1994年12月被列入世界文化遗产名录,2007年5月8日,经国家旅游局正式批准,成为国家5A级旅游景区。

老北京的传说(续篇)

马善率领几千名水师营的官兵,乘战船在水面上摆开阵势,人人箭上弦刀出鞘,非常威武。这天雾气很大,当金鼓齐鸣,礼炮轰响,开始检阅时,大雾越来越浓,几步开外就看不清人影了。尼马善还是精心督战,在浓雾中一会儿演习水战,一会儿演习炮击。就在演习抬枪射击的时候,和珅急忙走到皇帝面前跪下,说:"启禀我主万岁,大事不好!有人图谋行刺!"乾隆吓得一惊,忙问:"何以见得?"和珅指着大厅的立柱说:"有几粒子弹射到柱子里去了。"乾隆走近一瞧,果然有几颗枪弹打进楠木柱子里去了。乾隆当下就宣布停止演习,把水师营撤走。

尼马善刚刚挥旗传达完停止演习的命令,就被五花大绑押送到皇上跟前,情况是那么紧急,没容分辩,这个对皇上忠心耿耿的都统,就被推出去斩首了。不久,为了预防发生兵变,几千名水师营的校尉兵士,也被遣散回家了。

乾隆下令解散了青龙水师营以后,营房也全被拆毁,后来将全部柁木檩条、砖瓦石料,都运到北京西郊,在清漪园西南一带,建立了火器营。火器营八旗营房的修建工程,是由北京城里一家营造厂的李掌柜承担的。根据画好的图纸设计,营房要占地好几千亩,北起玉泉山,南至田村,东起清水河,西到旱河,如果真建设起来,就会有好几千户农民失去土地,离开家乡,势必造成很大的负担。

北坞、中坞、小屯等许多村庄的会头联合起来,带领流离失所的农民,到城门楼下跪地请愿,恳求朝廷开恩,改地建营。但是,他们跪了三天,也没人理会,修建营房的工程照常进行。这时从城楼下走来一位银发老人,对跪地请愿的会头说:"你们跪在这里,皇上也看不见你们。眼看就要到四月十五了,按例皇上要去香山避树絮,你们到那里去请愿,也许有条活路。"会头们一听这话有理,就在四月十五这天,跪在玉泉山西边香山御道上,拦住御辇,喊冤诉苦。

那位银发老人也来了,就跟会头一起去见皇上。乾隆问:"你们有什么苦处,快讲给我听。"会头把请求皇上开恩改地建营的话说了一遍,乾隆说:"建盖火器营八旗营房是军国大事,哪能为了几户百姓而改变大计?快快退下去吧!"会头再也不敢吭声了。那位银发老人跪在一旁,振振有词地说开了:"启禀万岁!建盖八旗营房是件大事,一定要看好风水。八旗兵是从龙入关的,是真龙天子的护卫精兵,所驻营房必须靠近水流。田村、旱河全无水源,如果硬要在那一带建营,恐怕日后会有龙搁浅滩之患,这于皇家很不吉利。以小民愚见,不如把八旗营房全都建在蓝靛厂的清水河边,这小河发源于玉泉山,水势旺盛,清澈见底,是块风水宝地;地方虽然稍嫌狭小,但可以八旗并一旗,官员兵丁聚居一起,便于操演习战,正符合皇上训练士兵之心愿。小民的禀奏,实在是出于对皇上的忠心,望万岁爷定夺。"

乾隆皇帝见这个银发老人说得头头是道,也合乎他的心意,就降下圣旨:在长河西岸、蓝靛厂后边,建盖火器营八旗营房。

今日的火器营路,在金源燕莎购物中心的东侧。

于是请愿的农民们终于免除了一场灾难,可那个承担建造营房的李掌柜,急着要把四处的砖瓦木料往清水河搬运,因为工程量太大,期限又短,结果把他给累死了。不过朝廷降旨给李掌柜修坟,就在蓝靛厂西边,还立了一块汉白玉的墓碑,墓碑很高,当地老乡都叫它小白塔。直到四十多年前,日本鬼子在西郊修机场,才把这座小白塔给拆了。

现在,火器营的村名还存在,但是在乾隆三十五年以后修建的官庙、炮甲连房、演武厅和虎皮石围墙、护墙河、随门平桥,已经找不到踪迹了。

图书在版编目（CIP）数据

老北京的传说：续篇/马燕晖编著 .—北京：华夏出版社，2012.1（2015.8 重印）
ISBN 978 – 7 – 5080 – 6735 – 3

Ⅰ.①老… Ⅱ.①马… Ⅲ.①地方史 – 史料 – 北京市
Ⅳ.①K291

中国版本图书馆 CIP 数据核字（2011）第 241746 号

华 夏 出 版 社 出 版 发 行
（北京市东直门外香河园北里 4 号 邮编：100028）
新 华 书 店 经 销
三河市少明印务有限公司印刷
三河市少明印务有限公司装订
720×1030　1/16 开本　18 印张　242 千字
2012 年 1 月北京第 1 版　　2015 年 8 月北京第 3 次印刷
定价：29.80 元

本版图书凡印刷、装订错误，可及时向我社发行部调换